Club @dos 1

Méthode de français pour adolescents

www.emdl.fr

La France

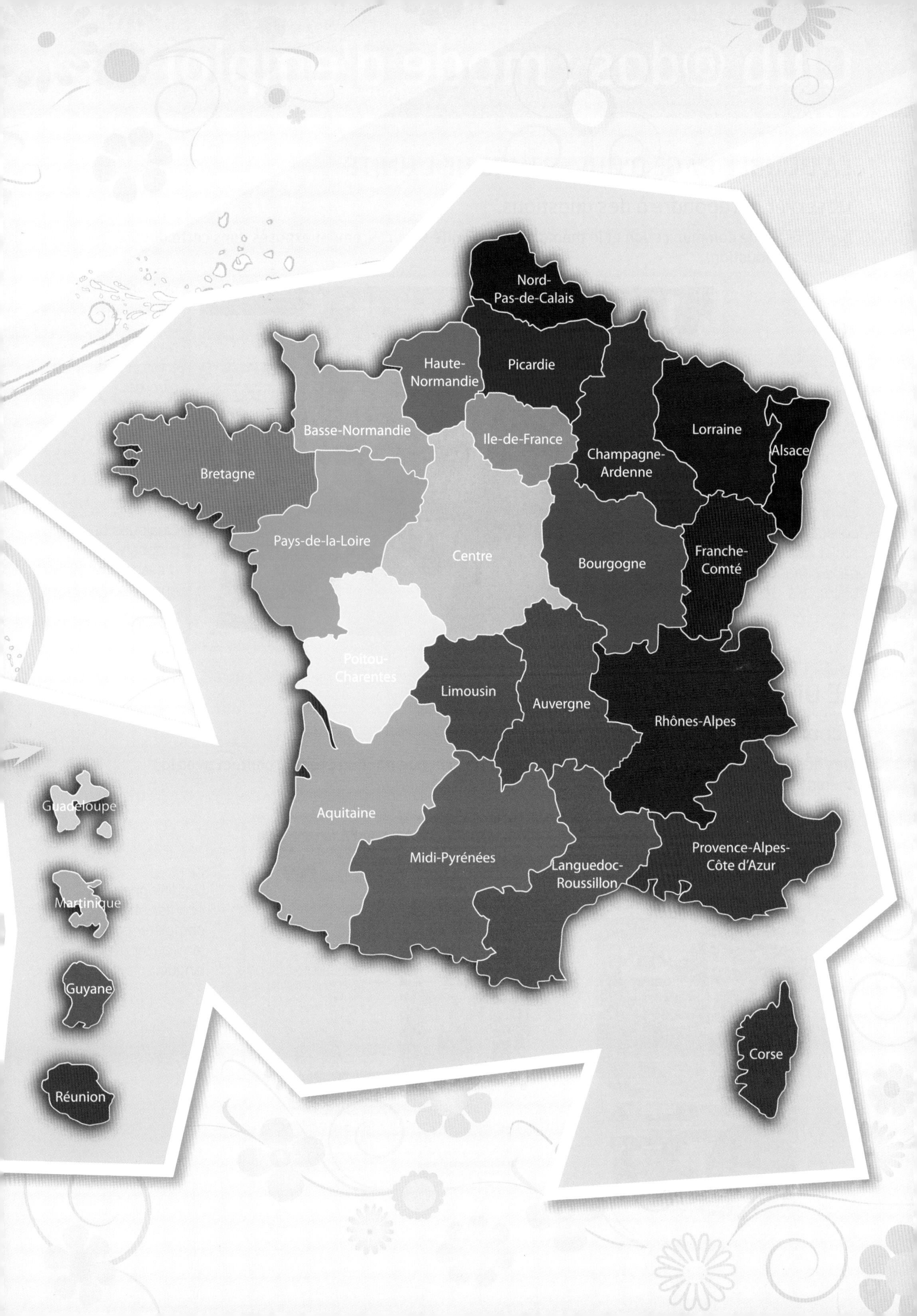
Nord-
Pas-de-Calais
Picardie
Haute-
Normandie
Basse-Normandie
Ile-de-France
Champagne-
Ardenne
Lorraine
Alsace
Bretagne
Pays-de-la-Loire
Centre
Bourgogne
Franche-
Comté
Poitou-
Charentes
Limousin
Auvergne
Rhônes-Alpes
Aquitaine
Midi-Pyrénées
Languedoc-
Roussillon
Provence-Alpes-
Côte d'Azur
Guadeloupe
Martinique
Guyane
Réunion
Corse

LA DOUBLE PAGE D'OUVERTURE DE L'UNITÉ

Observer et répondre à des questions.

Les objectifs de communication et la thématique de l'unité sont clairement exposés dans cette double page d'introduction.

Découverte du monde du personnage principal de l'unité et de son environnement : le club de…

Un projet collectif et un projet individuel dans chaque unité.

Quelques questions d'observation et d'association pour une entrée en douceur dans l'unité.

LE DIALOGUE D'OUVERTURE

Écouter un dialogue et le comprendre.

Des questions de compréhension avant l'écoute et un dialogue pour un premier contact avec la thématique de l'unité.

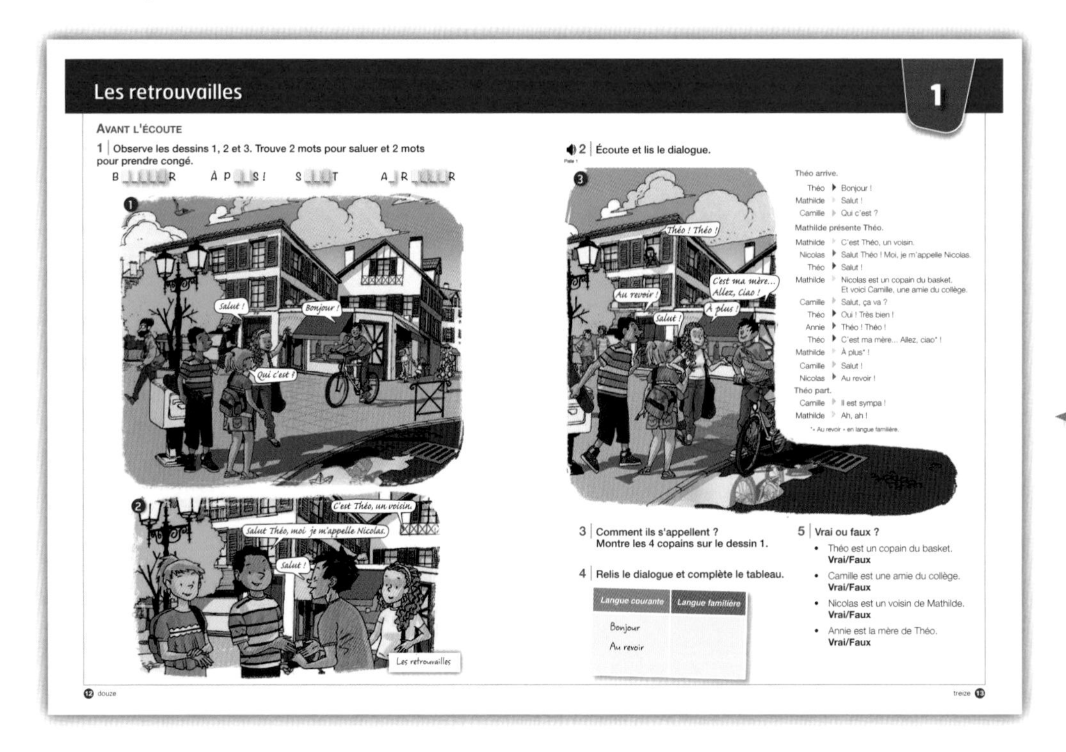

Un dialogue à écouter et à compléter pour se familiariser avec la langue.

3 DOUBLES PAGES DE LEÇON

Découvrir un point de grammaire et de lexique et s'entraîner.

Des illustrations pour découvrir et mieux comprendre la grammaire, le lexique et la phonétique, des exercices de systématisation et des activités en contexte pour s'entraîner.

Les objectifs de communication de la leçon sont clairement indiqués en début de leçon.

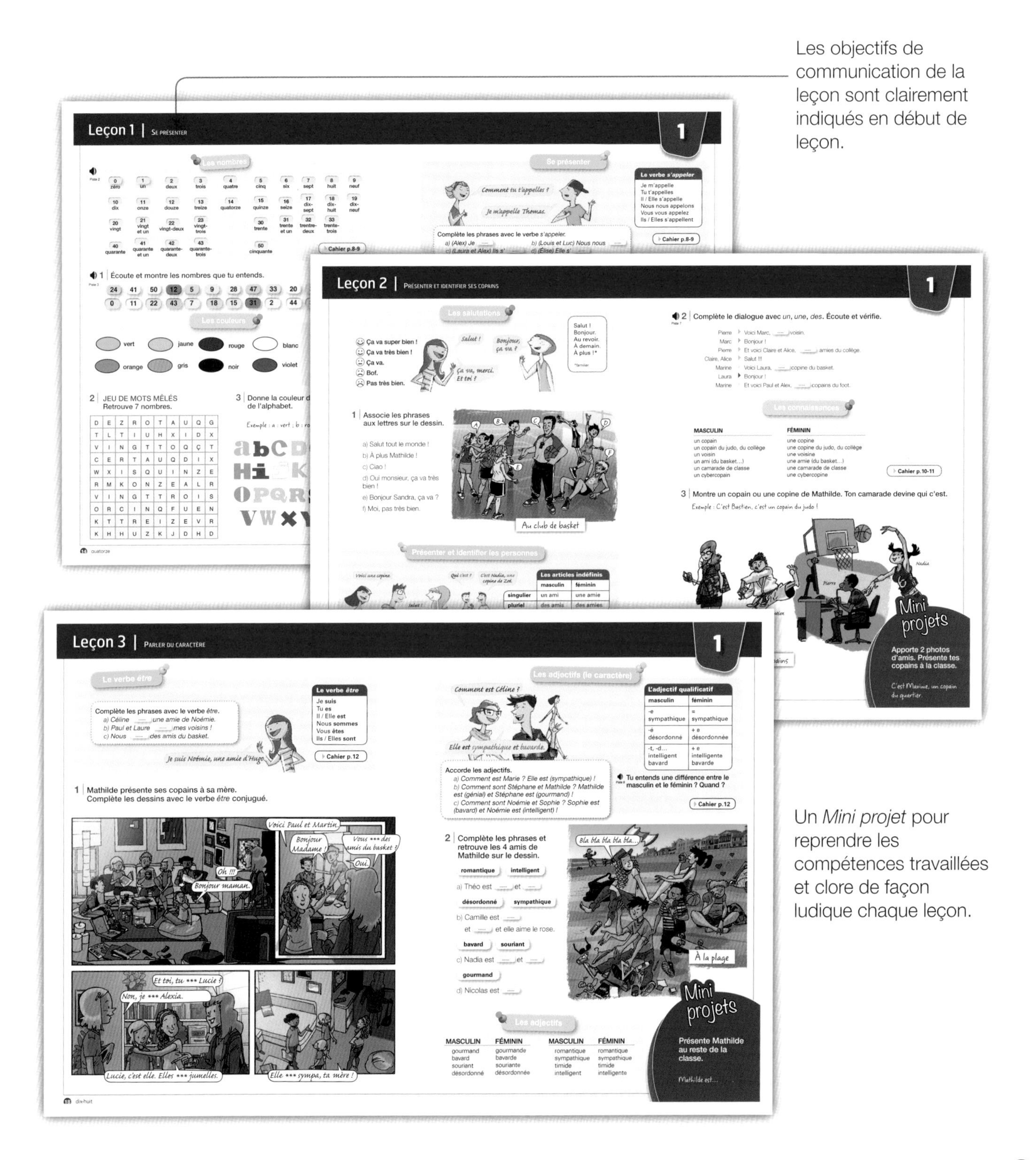

Un *Mini projet* pour reprendre les compétences travaillées et clore de façon ludique chaque leçon.

Club @dos : mode d'emploi

LE COIN DE LA GRAMMAIRE ET LE COIN DU LEXIQUE

Encore plus d'exercices pour pouvoir parler et écrire en français !

Des exercices complémentaires sur l'ensemble des points de grammaire et de lexique vus au cours des 3 leçons classés par ordre d'apparition.

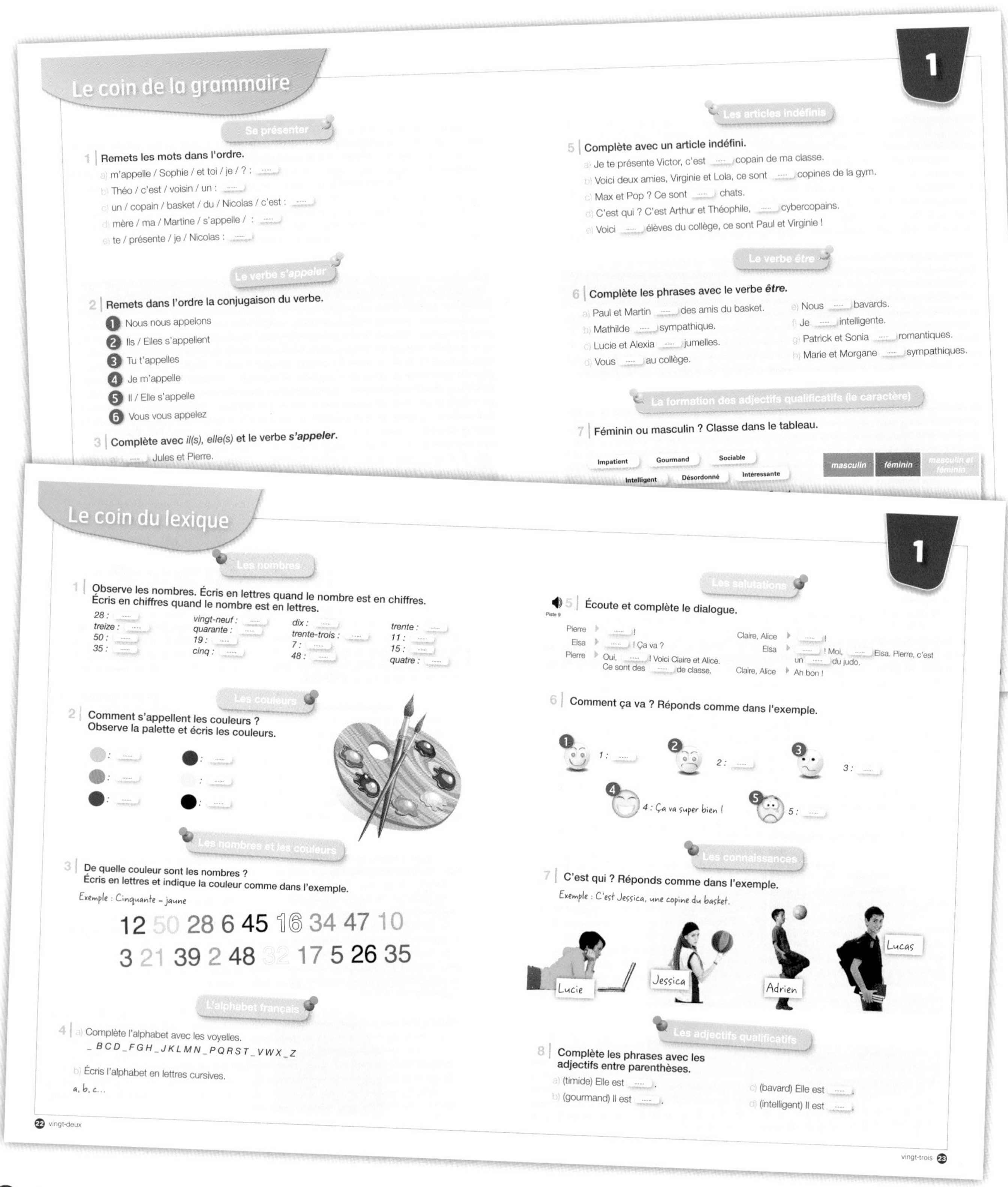

Le coin de la grammaire

1

Se présenter

1 | Remets les mots dans l'ordre.
a) m'appelle / Sophie / et toi / je / ? : ......
b) Théo / c'est / voisin / un : ......
c) un / copain / basket / du / Nicolas / c'est : ......
d) mère / ma / Martine / s'appelle / : ......
e) te / présente / je / Nicolas : ......

Le verbe s'appeler

2 | Remets dans l'ordre la conjugaison du verbe.
1 Nous nous appelons
2 Ils / Elles s'appellent
3 Tu t'appelles
4 Je m'appelle
5 Il / Elle s'appelle
6 Vous vous appelez

3 | Complète avec *il(s)*, *elle(s)* et le verbe *s'appeler*.
a) ...... Jules et Pierre.

Les articles indéfinis

5 | Complète avec un article indéfini.
a) Je te présente Victor, c'est ...... copain de ma classe.
b) Voici deux amies, Virginie et Lola, ce sont ...... copines de la gym.
c) Max et Pop ? Ce sont ...... chats.
d) C'est qui ? C'est Arthur et Théophile, ... cybercopains.
e) Voici ...... élèves du collège, ce sont Paul et Virginie !

Le verbe être

6 | Complète les phrases avec le verbe *être*.
a) Paul et Martin ...... des amis du basket.
b) Mathilde ...... sympathique.
c) Lucie et Alexia ...... jumelles.
d) Vous ...... au collège.
e) Nous ...... bavards.
f) Je ...... intelligente.
g) Patrick et Sonia ...... romantiques.
h) Marie et Morgane ...... sympathiques.

La formation des adjectifs qualificatifs (le caractère)

7 | Féminin ou masculin ? Classe dans le tableau.

Impatient · Gourmand · Sociable · Intelligent · Désordonné · Intéressante

masculin	féminin	masculin et féminin

Le coin du lexique

1

Les nombres

1 | Observe les nombres. Écris en lettres quand le nombre est en chiffres. Écris en chiffres quand le nombre est en lettres.
28 : ...... treize : ...... 50 : ...... 35 : ......
vingt-neuf : ...... quarante : ...... 19 : ...... cinq : ......
dix : ...... trente-trois : ...... 7 : ...... 48 : ......
trente : ...... 11 : ...... 15 : ...... quatre : ......

Les couleurs

2 | Comment s'appellent les couleurs ? Observe la palette et écris les couleurs.

Les nombres et les couleurs

3 | De quelle couleur sont les nombres ? Écris en lettres et indique la couleur comme dans l'exemple.
Exemple : Cinquante = jaune
12 50 28 6 45 16 34 47 10
3 21 39 2 48 32 17 5 26 35

L'alphabet français

4 | a) Complète l'alphabet avec les voyelles.
_ B C D _ F G H _ J K L M N _ P Q R S T _ V W X _ Z
b) Écris l'alphabet en lettres cursives.
a, b, c...

Les salutations

5 | Écoute et complète le dialogue.
Piste 9
Pierre ▸ ...... !
Elsa ▸ ...... ! Ça va ?
Pierre ▸ Oui, ... ! Voici Claire et Alice. Ce sont des ...... de classe.
Claire, Alice ▸ ...... !
Elsa ▸ ...... ! Moi, ... Elsa. Pierre, c'est un ...... du judo.
Claire, Alice ▸ Ah bon !

6 | Comment ça va ? Réponds comme dans l'exemple.
1 : ...... 2 : ...... 3 : ......
4 : Ça va super bien ! 5 : ......

Les connaissances

7 | C'est qui ? Réponds comme dans l'exemple.
Exemple : C'est Jessica, une copine du basket.
Lucie · Jessica · Adrien · Lucas

Les adjectifs qualificatifs

8 | Complète les phrases avec les adjectifs entre parenthèses.
a) (timide) Elle est ....
b) (gourmand) Il est ....
c) (bavard) Elle est ....
d) (intelligent) Il est ....

22 vingt-deux

vingt-trois 23

LES PROJETS DE CLASSE

Deux projets pour une mobilisation ludique des compétences.

Un projet de groupe et un projet individuel, des astuces et des variantes pour réaliser le projet.

Projets de classe

Mon projet en groupe

Nous créons le jeu de l'oie des copains de la classe.

- Nous apportons chacun une photo de nous et des dés.
- Par groupe de deux, nous choisissons une couleur de pion.
- Nous lançons le dé et nous présentons le camarade de la photo.

5 : C'est Alex, il est sérieux et sympathique. À ton tour !

ASTUCE
Pour faire un pion, tu peux utiliser le capuchon de ton stylo.

DÉPART — ARRIVÉE

Mon projet individuel

Je choisis mon prénom français et je me présente à la classe.

- Je fais une recherche et je fais une liste de prénoms français.
- Je choisis un prénom français qui commence par la même lettre que mon prénom.
- Je me présente à la classe.

Salut, je m'appelle...

ASTUCE
Pour t'aider, tu peux chercher les prénoms des personnages du livre.

Mathilde Matthieu Laurent Marc Laure Estelle Philippe Jean Marie Christophe Valentine Camille Adeline Sarah Paul Olivia Pierre Magalie Étienne

24 vingt-quatre

LA PAGE D'ACTIVITÉS INTERDISCIPLINAIRES

Pour une approche interdisciplinaire : le français en classe de mathématiques, d'art, de sciences, de géographie.

Des fiches d'activités pour utiliser le français en classe de mathématiques, d'art, de sciences de la vie et de la terre, de sport, de géographie et d'éducation civique.

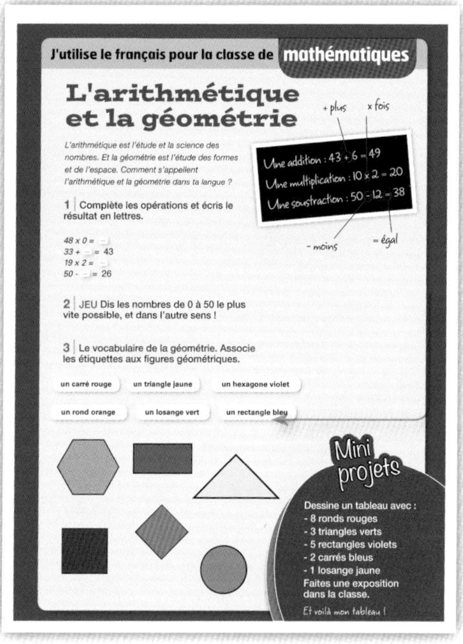

J'utilise le français pour la classe de **mathématiques**

L'arithmétique et la géométrie

L'arithmétique est l'étude et la science des nombres. Et la géométrie est l'étude des formes et de l'espace. Comment s'appellent l'arithmétique et la géométrie dans ta langue ?

Une addition : 43 + 6 = 49
Une multiplication : 10 x 2 = 20
Une soustraction : 50 - 12 = 38
+ plus — x fois — - moins — = égal

1 | Complète les opérations et écris le résultat en lettres.

48 x 0 = ...
33 + ... = 43
19 x 2 = ...
50 - ... = 26

2 | JEU Dis les nombres de 0 à 50 le plus vite possible, et dans l'autre sens !

3 | Le vocabulaire de la géométrie. Associe les étiquettes aux figures géométriques.

un carré rouge — un triangle jaune — un hexagone violet — un rond orange — un losange vert — un rectangle bleu

Mini projets
Dessine un tableau avec :
- 8 ronds rouges
- 3 triangles verts
- 5 rectangles violets
- 2 carrés bleus
- 1 losange jaune
Faites une exposition dans la classe.
Et voilà mon tableau !

MAG'@DOS

Lire le magazine et découvrir les multiples facettes du monde francophone.

C'est le moment de détente : quiz, sondages, reportages et témoignages pour découvrir des aspects culturels et sociologiques des diverses réalités francophones.

MAG@DOS

Test
Connaissez-vous bien la France ?

La France est une république. Elle a la forme d'un hexagone.
Sa devise est "liberté, égalité et fraternité" et son symbole est un coq.
La population de la France s'élève à 64 millions d'habitants !

Connais-tu bien la France ?
Réponds aux 10 questions suivantes.

1) La France a la forme d'un...
a) hexagone.
b) triangle.
c) losange.

2) Le symbole de la France, c'est...
a) un lion.
b) un coq.
c) un cheval.

3) Un petit déjeuner en France, c'est...
a) un café et un croissant.
b) un thé et des œufs.
c) une soupe et des sushis.

4) La monnaie actuelle, c'est...
a) l'euro.
b) le franc.
c) la livre.

5) Retrouve la légende des photos.
Étretat en France.
Pointe-à-Pitre en Guadeloupe.
Paris en France.

6) Comment est le drapeau français ?
a) Bleu, blanc, rouge.
b) Rouge, jaune, vert.
c) Un fond rouge avec une étoile jaune.

7) Le monument le plus visité en France, c'est...
a) la tour Eiffel.
b) le musée du Louvre.

8) Retrouve un plat français.
a) La pizza.
b) Le hamburger.
c) La quiche.

9) La France a une population de...
a) 38 millions d'habitants.
b) 64 millions d'habitants.
c) 250 millions d'habitants.

10) Retrouve les voisins de la France.
a) La Russie, la Chine, le Japon.
b) La Belgique, l'Espagne, l'Allemagne.
c) Les États-Unis, l'Argentine, le Brésil

+ infos
Le français est, avec l'anglais, l'une des deux seules langues parlées sur tous les continents.

RÉSULTATS DU TEST
À partir de 8 bonnes réponses :
Entre 5 et 7 bonnes réponses :
C'est bien mais ton professeur peut te conseiller des sites web pour en savoir plus.
Moins de 5 bonnes réponses :
Le cours de français peut t'aider à découvrir la France et sa culture.

RECHERCHE INTERNET
Fais des recherches sur Internet et trouve...
a) un plat français.
b) un monument français.
c) un sportif français.
Compare avec tes camarades.

26 vingt-six — 27

Tableau des contenus

	Communication	Vocabulaire
Unité 1 **Le Club de ma classe** **p. 12-29**	• Saluer et prendre congé. • Se présenter. • Présenter et identifier ses copains. • Décrire ses copains. • Compter de 0 à 50. • Parler du caractère.	• Les nombres de 0 à 50. • Les couleurs. • L'alphabet. • Les salutations. • Les connaissances (masculin et féminin). • Les adjectifs qualificatifs (le caractère).
Unité 2 **Le Club des artistes** **p. 30-47**	• Identifier et décrire des objets. • Demander et dire l'âge et la date d'anniversaire. • Exprimer ses goûts. • Utiliser la négation.	• Les fournitures scolaires. • Les mois de l'année. • Les nombres de 50 à 100.
Unité 3 **Le Club des lecteurs** **p. 48-65**	• Décrire son collège. • Identifier les objets de sa classe. • Demander et dire l'heure. • Parler de son emploi du temps. • Utiliser les adjectifs possessifs pour parler de ses affaires.	• Les espaces du collège. • Les objets de la classe. • Les matières scolaires. • Les jours de la semaine. • L'emploi du temps. • Les heures. • Le CDI. • Les types de documents (roman, BD…)
Unité 4 **Le Club des athlètes** **p. 66-83**	• Décrire des personnes. • Présenter et identifier les membres d'une famille. • Parler de ses activités et de ses loisirs.	• Les parties du corps. • Les membres de la famille. • Les animaux de compagnie. • Les disciplines sportives
Unité 5 **Le Club des citadins** **p. 84-101**	• Décrire mon quartier. • Nommer ma ville. • Indiquer un itinéraire. • Parler des professions.	• Le lexique de la circulation. • La ville et les moyens de transport. • Les déguisements. • Les professions.
Unité 6 **Le Club des photographes** **p. 102-119**	• Parler du climat et des saisons. • Identifier des lieux. • Dire la nationalité et l'origine. • Dire où j'habite. • Annoncer des projets.	• Le lexique de la nature. • Les éléments naturels. • Les saisons. • Les pays, les continents et les habitants.

Sons / graphies	Grammaire	Culture et civilisation
• Les intonations interrogatives et exclamatives. • Les voyelles. • Les consonnes. • Le son [r] : Rémi, Lorraine.	• Le verbe *s'appeler* et le verbe *être*. • Les articles indéfinis : *un, une, des.* • Les présentatifs : *C'est / Voici.* • Les adjectifs qualificatifs (le caractère) • Le féminin des adjectifs. (1) • Les pronoms personnels sujets. • Le présent de l'indicatif : *Les questions (1) : Comment il s'appelle ? Qui c'est ?*	• Le jeu de l'oie. • Les prénoms français. • L'approche interdisciplinaire : *J'utilise le français pour la classe de mathématiques.*
• La liaison.	• Les articles définis : *le, la, les, l'.* • Le pluriel des adjectifs qualificatifs. (1) • Les questions (2) : *Quel âge tu as ? C'est quand, ton anniversaire ? Qu'est-ce que c'est ? Qu'est-ce que tu as ?* • Le verbe *avoir.* • Le présent de l'indicatif : *les verbes en -er.* • La forme négative : *ne... pas.*	• Les loisirs, les arts. • La peinture. • Piet Mondrian. • L'approche interdisciplinaire : *J'utilise le français pour la classe d'art.*
• Le son [z] : jeudi, géographie.	• *Il y a, il n'y a pas de / d'.* • Les questions (3) : *À qui est la trousse ? Qu'est-ce qu'il y a dans la salle de classe ? Quelle heure il est ?* • *Combien de* + nom • *Quel, quels, quelle, quelles.* • *À quelle heure ?* • Les adjectifs possessifs. • *À* + pronom tonique (*moi, toi, lui, elle*).	• Le calendrier et l'environnement scolaire en France. • L'aigle royal. • L'approche interdisciplinaire : *J'utilise le français pour la classe de Sciences de la Vie et de la Terre.*
• Le son [ɑ̃] : ventre, grand-père, novembre, jambe.	• Les articles contractés (1) : *au, aux.* • Le féminin et le pluriel des adjectifs qualificatifs. (2) • Les adjectifs qualificatifs (le physique) • Le pronom sujet *on* (= nous). • Les pronoms toniques. • La négation *ne... pas.* • Le présent de l'indicatif : le verbe *aller.*	• Les animaux de compagnie. • Le jeu des 7 familles. • L'approche interdisciplinaire : *J'utilise le français pour la classe d'éducation physique et sportive.*
• Le son [u] : rouge. • Le son [y] : voiture.	• Les prépositions de lieu. • Les articles contractés (2) : *du, des.* • Les adjectifs numéraux ordinaux. • Le féminin des noms de profession. • Le présent de l'indicatif : les verbes *prendre* et *faire.* • L'impératif affirmatif et négatif (*tu* et *vous*).	• La ville de Bruxelles. • L'Union européenne. • La sécurité routière. • L'approche interdisciplinaire : *J'utilise le français pour la classe d'éducation civique.*
• Le son [s] : La Suisse. • Le son [z] : Le Zimbabwe.	• Parler du temps qu'il fait. (*Il fait chaud, il y a du soleil*) • Dire où on habite, où on est, où on va. • *Habiter à* + ville ; *Habiter en / au / aux* + pays. • Le présent de l'indicatif : le verbe *venir.* • Le futur proche (forme affirmative) et les expressions temporelles.	• Les attractions. • Les régions françaises. • Madagascar. • L'approche interdisciplinaire : *J'utilise le français pour la classe de géographie.*

Le Club des ados !

Mathilde

LE CLUB DE MA CLASSE

Alex

LE CLUB DES ARTISTES

Léa

LE CLUB DES LECTEURS

Stéphane

LE CLUB DES ATHLÈTES

Emma

LE CLUB DES CITADINS

Romain

LE CLUB DES PHOTOGRAPHES

1 Le Club de ma classe

Dans cette unité, je vais :
- Saluer et prendre congé.
- Me présenter.
- Présenter et identifier mes copains.
- Parler du caractère.

Le Mag'@dos
- Connaissez-vous bien la France ?

Le français en classe de mathématiques
- Je découvre le vocabulaire des mathématiques.
- Je dessine des figures géométriques.

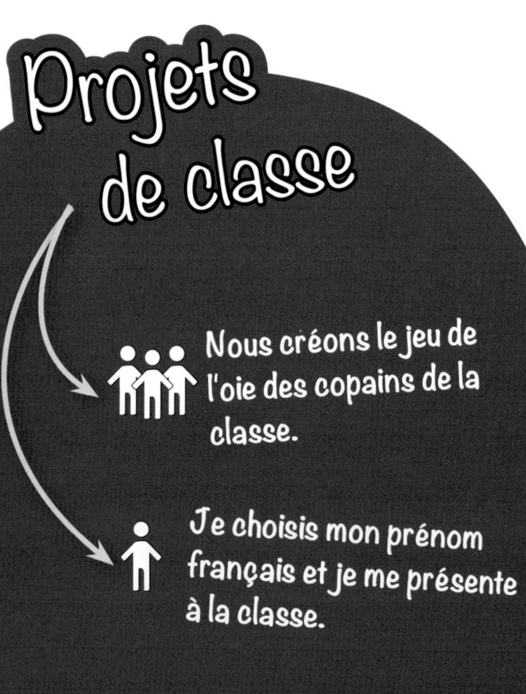

Projets de classe
Nous créons le jeu de l'oie des copains de la classe.
Je choisis mon prénom français et je me présente à la classe.

J'aime
Je n'aime pas
Je m'appelle Mathilde et j'ai 12 ans.
Le rouge
Les maths
La musique
Le vert

1
2
3
1 | Observe les photos de classe des 3 pays.
2 | Associe une photo à un drapeau.
Le Japon
Le Canada
La France

Les retrouvailles

AVANT L'ÉCOUTE

1 Observe les dessins 1, 2 et 3. Trouve 2 mots pour saluer et 2 mots pour prendre congé.

B _ _ _ _ R   À P _ _ S !   S _ _ _ T   A _ R _ _ _ _ R

1
Salut !
Bonjour !
Qui c'est ?

2
C'est Théo, un voisin.
Salut Théo, moi je m'appelle Nicolas.
Salut !

Les retrouvailles

2 | Écoute et lis le dialogue.

Piste 1

Théo arrive.

Théo ▶ Bonjour !
Mathilde ▶ Salut !
Camille ▶ Qui c'est ?

Mathilde présente Théo.

Mathilde ▶ C'est Théo, un voisin.
Nicolas ▶ Salut Théo ! Moi, je m'appelle Nicolas.
Théo ▶ Salut !
Mathilde ▶ Nicolas est un copain du basket.
Et voici Camille, une amie du collège.
Camille ▶ Salut, ça va ?
Théo ▶ Oui ! Très bien !
Annie ▶ Théo ! Théo !
Théo ▶ C'est ma mère... Allez, ciao* !
Mathilde ▶ À plus* !
Camille ▶ Salut !
Nicolas ▶ Au revoir !

Théo part.

Camille ▶ Il est sympa !
Mathilde ▶ Ah, ah !

*« Au revoir » en langue familière.

3 | Comment ils s'appellent ? Montre les 4 copains sur le dessin 1.

4 | Relis le dialogue et complète le tableau.

Langue courante	Langue familière
Bonjour	
Au revoir	

5 | Vrai ou faux ?

- Théo est un copain du basket. **Vrai/Faux**
- Camille est une amie du collège. **Vrai/Faux**
- Nicolas est un voisin de Mathilde. **Vrai/Faux**
- Annie est la mère de Théo. **Vrai/Faux**

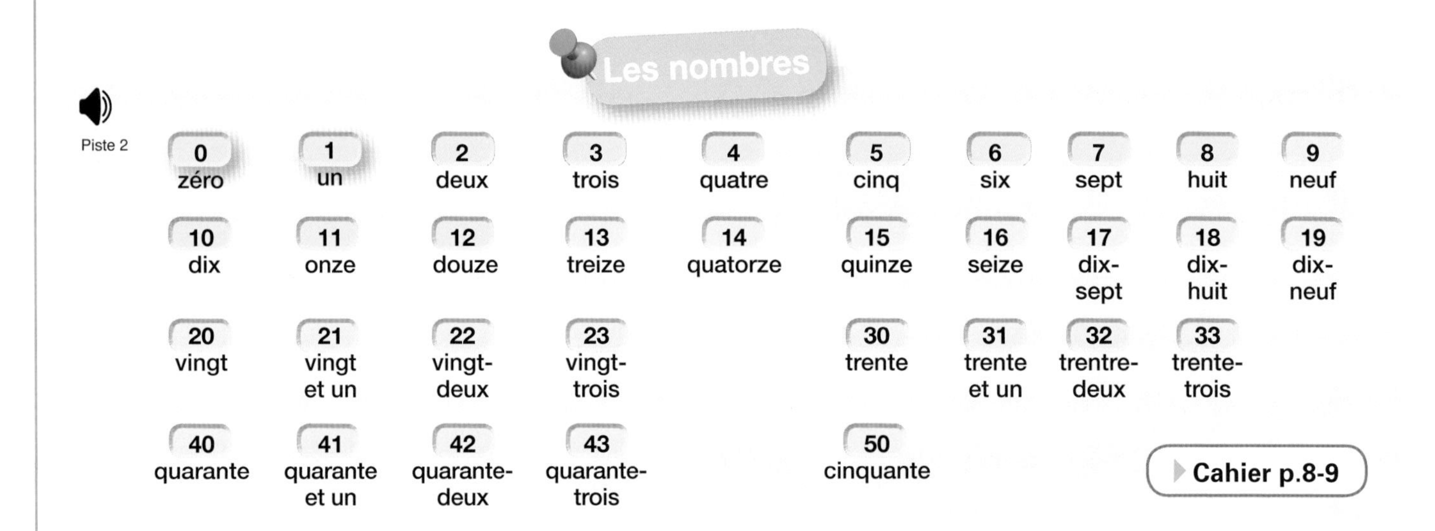

Les nombres
Piste 2
0 zéro
1 un
2 deux
3 trois
4 quatre
5 cinq
6 six
7 sept
8 huit
9 neuf
10 dix
11 onze
12 douze
13 treize
14 quatorze
15 quinze
16 seize
17 dix-sept
18 dix-huit
19 dix-neuf
20 vingt
21 vingt et un
22 vingt-deux
23 vingt-trois
30 trente
31 trente et un
32 trentre-deux
33 trente-trois
40 quarante
41 quarante et un
42 quarante-deux
43 quarante-trois
50 cinquante

Cahier p.8-9

1 | Écoute et montre les nombres que tu entends.

Piste 3

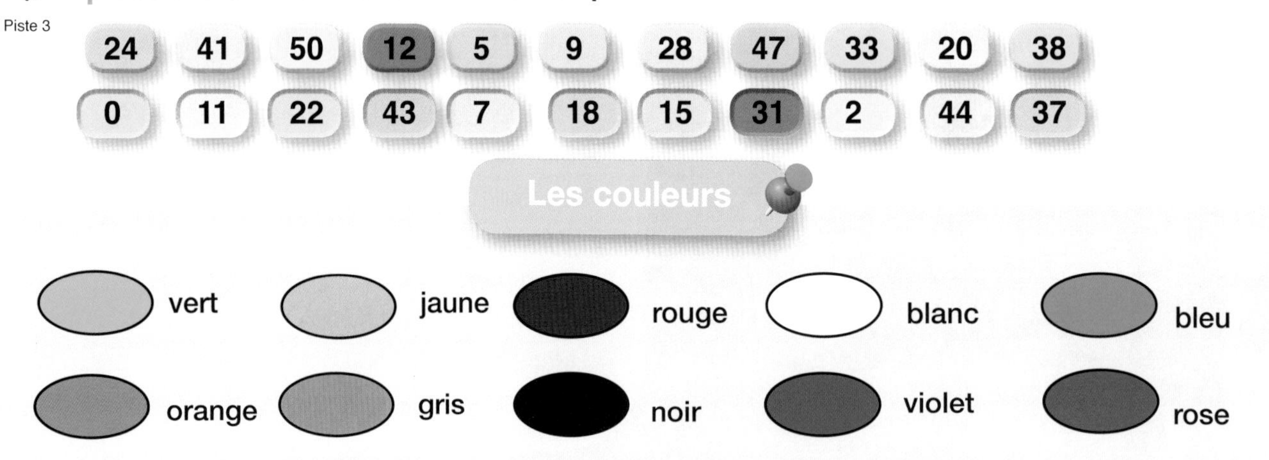

2 | JEU DE MOTS MÊLÉS
Retrouve 7 nombres.

D	E	Z	R	O	T	A	U	Q	G
T	L	T	I	U	H	X	I	D	X
V	I	N	G	T	T	O	Q	Ç	T
C	E	R	T	A	U	Q	D	I	X
W	X	I	S	Q	U	I	N	Z	E
R	M	K	O	N	Z	E	A	L	R
V	I	N	G	T	T	R	O	I	S
O	R	C	I	N	Q	F	U	E	N
K	T	T	R	E	I	Z	E	V	R
K	H	H	U	Z	K	J	D	H	D

3 | Donne la couleur des lettres de l'alphabet.

Exemple : a : vert ; b : rouge

abcDefG
HiJKLMN
OPQRSTU
VWXYZ

Se présenter

Comment tu t'appelles ?

Je m'appelle Thomas.

Le verbe *s'appeler*

Je m'appelle
Tu t'appelles
Il / Elle s'appelle
Nous nous appelons
Vous vous appelez
Ils / Elles s'appellent

Cahier p.8-9

Complète les phrases avec le verbe *s'appeler.*

a) (Alex) Je ......
b) (Louis et Luc) Nous nous ......
c) (Laura et Alex) Ils s' ......
d) (Élise) Elle s' ......

4 | Écoute. Comment ils s'appellent ?

Piste 4

1. a) Sandra
   b) Sarah
2. a) Laura
   b) Lola
3. a) Hugo
   b) Ludo

Le son [r]

1 | Écoute les prénoms.

Piste 5

Cahier p.8-9

2 | Écoute et associe les deux parties des prénoms.

Piste 6

Exemple : Sa + rah ▶ Sarah

• *Sa...*	• *Pa...*	*...rion*	*...trick*
• *Ro...*	• *San...*	*...dra*	*...rine*
• *Ma...*	• *Ma...*	*...mane*	*...rah*

5 | Comment s'appellent les deux amis de Mathilde ? Retrouve les lettres grâce à ce code secret :

1 = A, 2 = B, 3 = C...

a) 20 - 8 - 5 - 15 = ...

b) 14 - 9 - 3 - 15 - 12 - 5 = ...

Écris en code selon les indications de l'exercice 5.

1) Club ados
2) Mathilde

club ados : 3 - 12 euh...

Les salutations

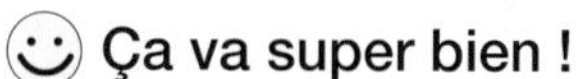

- Ça va super bien !
- Ça va très bien !
- Ça va.
- Bof.
- Pas très bien.

Salut !
Ça va, merci. Et toi ?

Bonjour, ça va ?

Salut !
Bonjour.
Au revoir.
À demain.
À plus !*

*familier

1 | **Associe les phrases aux lettres sur le dessin.**

a) Salut tout le monde !

b) À plus Mathilde !

c) Ciao !

d) Oui monsieur, ça va très bien !

e) Bonjour Sandra, ça va ?

f) Moi, pas très bien.

Au club de basket

Présenter et identifier les personnes

Voici une copine.

Salut !

Qui c'est ?

C'est Nadia, une copine de Zoé.

Les articles indéfinis	masculin	féminin
singulier	un ami	une amie
pluriel	des amis	des amies

C'est + prénom / article
Voici + prénom / article

Cahier p.10-11

Complète les phrases suivantes.

a) ...... Clément, c'est ...... copain du tennis !

b) ...... Amandine, ... voisine du quartier.

c) ...... Monsieur Bernard, ... professeur du collège.

d) Marine et Cécile ? Ce sont ...... élèves de ma classe !

2 Complète le dialogue avec *un*, *une*, *des*. Écoute et vérifie.

Piste 7

Pierre ▸ Voici Marc, ... voisin.
Marc ▸ Bonjour !
Pierre ▸ Et voici Claire et Alice, ... amies du collège.
Claire, Alice ▸ Salut !!!
Marine ▸ Voici Laura, ... copine du basket.
Laura ▸ Bonjour !
Marine ▸ Et voici Paul et Alex, ... copains du foot.

Les connaissances

MASCULIN	FÉMININ
un copain	une copine
un copain du judo, du collège	une copine du judo, du collège
un voisin	une voisine
un ami (du basket…)	une amie (du basket…)
un camarade de classe	une camarade de classe
un cybercopain	une cybercopine

▸ Cahier p.10-11

3 Montre un copain ou une copine de Mathilde. Ton camarade devine qui c'est.

Exemple : C'est Bastien, c'est un copain du judo !

Les copains

Mini projet

Apporte 2 photos d'amis. Présente tes copains à la classe.

C'est Maxime, un copain du quartier.

Le verbe *être*

Complète les phrases avec le verbe *être*.
a) Céline ...... une amie de Noémie.
b) Paul et Laure ...... mes voisins !
c) Nous ...... des amis du basket.

Je suis Noémie, une amie d'Hugo.

Le verbe *être*
Je **suis**
Tu **es**
Il / Elle **est**
Nous **sommes**
Vous **êtes**
Ils / Elles **sont**

Cahier p.12

1 | **Mathilde présente ses copains à sa mère. Complète les dessins avec le verbe *être* conjugué.**

Les adjectifs (le caractère)

Comment est Céline ?
Elle est sympathique et bavarde.

L'adjectif qualificatif	
masculin	**féminin**
-e sympathique	= sympathique
-é désordonné	+ e désordonnée
-t, -d... intelligent bavard	+ e intelligente bavarde

Accorde les adjectifs.

a) Comment est Marie ? Elle est (sympathique) !

b) Comment sont Stéphane et Mathilde ? Mathilde est (génial) et Stéphane est (gourmand) !

c) Comment sont Noémie et Sophie ? Sophie est (bavard) et Noémie est (intelligent) !

Piste 8 Tu entends une différence entre le masculin et le féminin ? Quand ?

Cahier p.12

2 Complète les phrases et retrouve les 4 amis de Mathilde sur le dessin.

désordonné **intelligent**

a) Théo est ...... et ......

romantique **sympathique**

b) Camille est ......
et ...... et elle aime le violet.

bavard **souriant**

c) Nadia est ...... et ......

gourmand

d) Nicolas est ......

Bla bla bla bla bla...

À la plage

Les adjectifs

MASCULIN	FÉMININ	MASCULIN	FÉMININ
gourmand	gourmande	romantique	romantique
bavard	bavarde	sympathique	sympathique
souriant	souriante	timide	timide
désordonné	désordonnée	intelligent	intelligente

Mini projet

Présente Mathilde au reste de la classe.

Mathilde est...

Le coin de la grammaire

Se présenter

1 | Remets les mots dans l'ordre.

a) m'appelle / Sophie / et / toi / je / ? : ......

b) Théo / c'est / voisin / un : ......

c) un / copain / basket / du / Nicolas / c'est : ......

d) mère / ma / Martine / s'appelle / : ......

e) te / présente / je / Nicolas : ......

Le verbe *s'appeler*

2 | Remets dans l'ordre la conjugaison du verbe.

1. Nous nous appelons
2. Ils / Elles s'appellent
3. Tu t'appelles
4. Je m'appelle
5. Il / Elle s'appelle
6. Vous vous appelez

3 | Complète avec *il(s), elle(s)* et le verbe *s'appeler*.

a) ...... Jules et Pierre.

b) ...... Annie.

c) ...... Françoise et Fanny.

d) ...... Marion.

e) ...... Étienne.

Les articles indéfinis

4 | Relie les mots comme dans l'exemple.

un	amie	un	élèves
un	copain	des	copine
des	camarades	une	voisin
une	cybercopain	des	copains

Les articles indéfinis

5 | Complète avec un article indéfini.

a) Je te présente Victor, c'est ...... copain de ma classe.
b) Voici deux amies, Virginie et Lola, ce sont ...... copines de la gym.
c) Max et Pop ? Ce sont ...... chats.
d) C'est qui ? C'est Arthur et Théophile, ... cybercopains.
e) Voici ...... élèves du collège, ce sont Paul et Virginie !

Le verbe *être*

6 | Complète les phrases avec le verbe *être*.

a) Paul et Martin ...... des amis du basket.
b) Mathilde ...... sympathique.
c) Lucie et Alexia ...... jumelles.
d) Vous ...... au collège.
e) Nous ...... bavards.
f) Je ...... intelligente.
g) Patrick et Sonia ...... romantiques.
h) Marie et Morgane ...... sympathiques.

La formation des adjectifs qualificatifs (le caractère)

7 | Féminin ou masculin ? Classe dans le tableau.

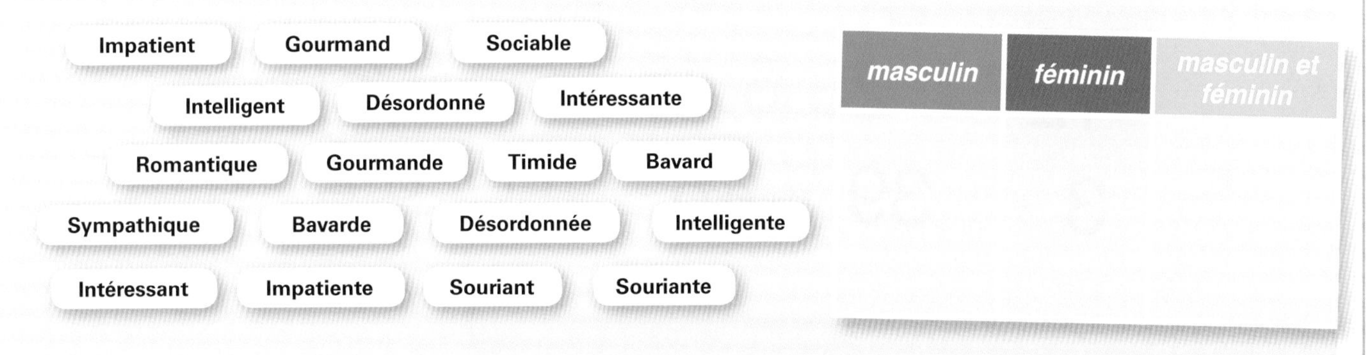

8 | Fais des phrases.

Exemple : Sociable (féminin) : Elle est sociable.

Gourmand (masculin)
Désordonné (féminin)
Sympathique (masculin)
Bavard (masculin)
Romantique (féminin)
Timide (féminin)
Souriant (féminin)
Sociable (féminin)
Intelligent (masculin)

Le coin du lexique

Les nombres

**1 | Observe les nombres. Écris en lettres quand le nombre est en chiffres.
Écris en chiffres quand le nombre est en lettres.**

28 : ......
treize : ......
50 : ......
35 : ......

vingt-neuf : ......
quarante : ......
19 : ......
cinq : ......

dix : ......
trente-trois : ......
7 : ......
48 : ......

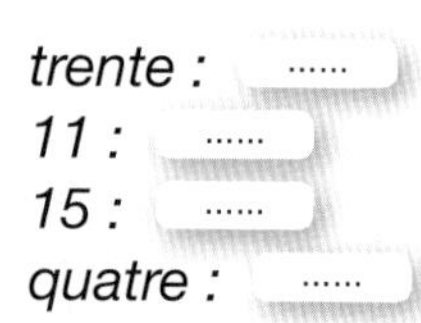

trente : ......
11 : ......
15 : ......
quatre : ......

Les couleurs

**2 | Comment s'appellent les couleurs ?
Observe la palette et écris les couleurs.**

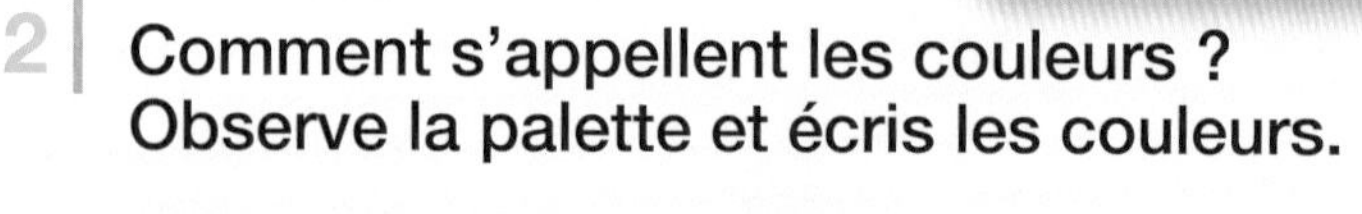

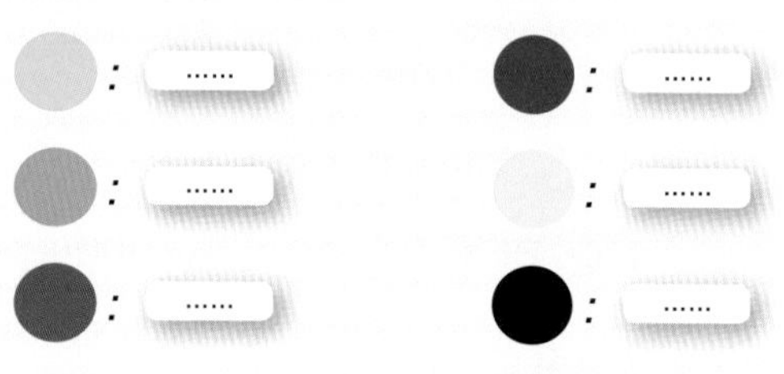

: ......
: ......
: ......
: ......
: ......
: ......

Les nombres et les couleurs

**3 | De quelle couleur sont les nombres ?
Écris en lettres et indique la couleur comme dans l'exemple.**

Exemple : Cinquante = jaune

12 50 28 6 45 16 34 47 10

3 21 39 2 48 32 17 5 26 35

L'alphabet français

4 | a) Complète l'alphabet avec les voyelles.

_ B C D _ F G H _ J K L M N _ P Q R S T _ V W X _ Z

b) Écris l'alphabet en lettres cursives.

a, b, c...

Les salutations

5 | Écoute et complète le dialogue.
Piste 9

Pierre ▸ ...... !
Elsa ▸ ...... ! Ça va ?
Pierre ▸ Oui, ... ! Voici Claire et Alice. Ce sont des ...... de classe.
Claire, Alice ▸ ...... !
Elsa ▸ ...... ! Moi, ... Elsa. Pierre, c'est un ...... du judo.
Claire, Alice ▸ Ah bon !

6 | Comment ça va ? Réponds comme dans l'exemple.

7 | C'est qui ? Réponds comme dans l'exemple.

Exemple : C'est Jessica, une copine du basket.

Les adjectifs qualificatifs

8 | Complète les phrases avec les adjectifs entre parenthèses.

a) (timide) Elle est ....
b) (gourmand) Il est ....
c) (bavard) Elle est ....
d) (intelligent) Il est ....

Projets de classe

Mon projet en groupe

Nous créons le jeu de l'oie des copains de la classe.

- Nous apportons chacun une photo de nous et des dés.
- Par groupe de deux, nous choisissons une couleur de pion.
- Nous lançons le dé et nous présentons le camarade de la photo.

5 : C'est Alex, il est sérieux et sympathique. À ton tour !

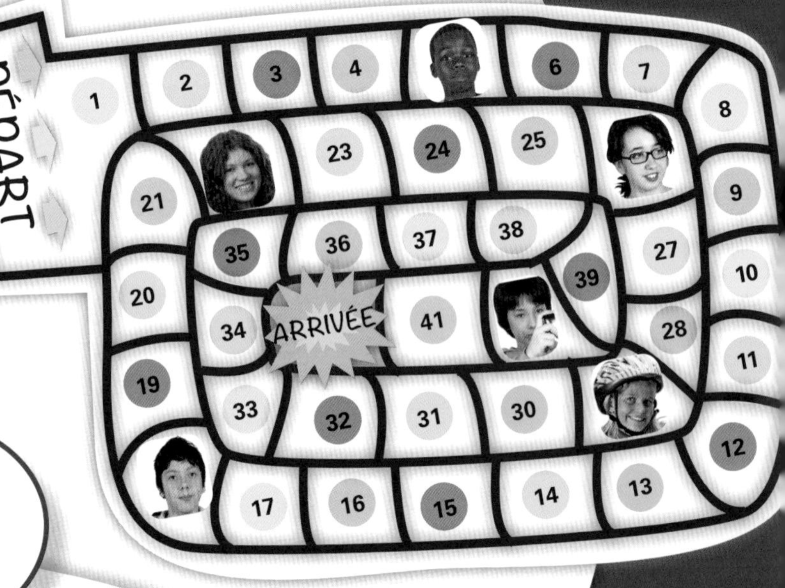

ASTUCE
Pour faire un pion, tu peux utiliser le capuchon de ton stylo.

Mon projet individuel

Je choisis mon prénom français et je me présente à la classe.

- Je fais une recherche et je fais une liste de prénoms français.
- Je choisis un prénom français qui commence par la même lettre que mon prénom.
- Je me présente à la classe.

Salut, je m'appelle...

ASTUCE
Pour t'aider, tu peux chercher les prénoms des personnages du livre.

Mathilde
Matthieu Laurent
Marc Laure
Luc Estelle
Philippe Jean
Marie
Christophe Valentine Camille Adeline
Sarah
Paul Olivia Pierre
Magalie Etienne

L'arithmétique et la géométrie

L'arithmétique est l'étude et la science des nombres. Et la géométrie est l'étude des formes et de l'espace. Comment s'appellent l'arithmétique et la géométrie dans ta langue ?

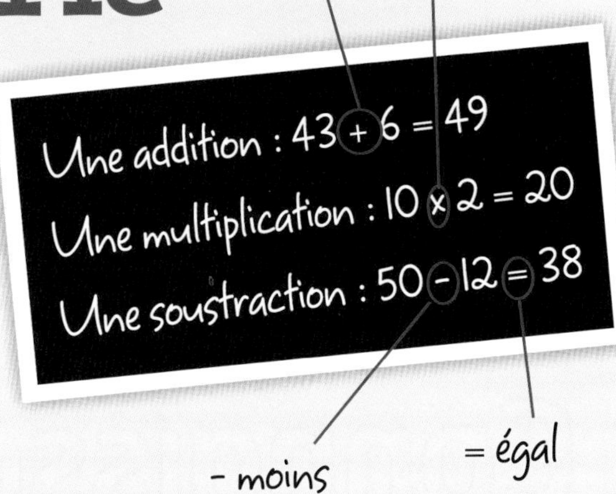

1 Complète les opérations et écris le résultat en lettres.

48 x 0 = …
33 + … = 43
19 x 2 = …
50 - … = 26

2 JEU Dis les nombres de 0 à 50 le plus vite possible, et dans l'autre sens !

3 Le vocabulaire de la géométrie. Associe les étiquettes aux figures géométriques.

un carré rouge | **un triangle jaune** | **un hexagone violet**
un rond orange | **un losange vert** | **un rectangle bleu**

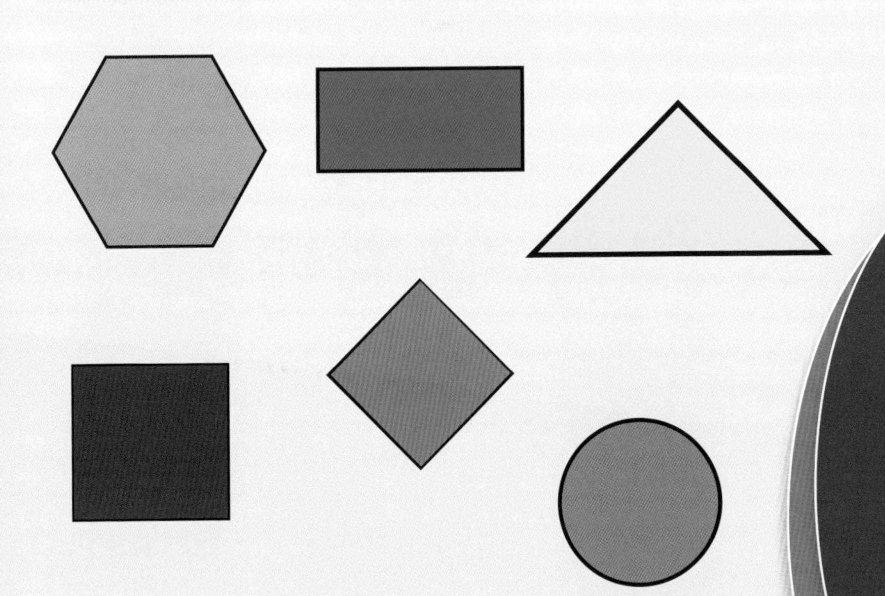

Mini projet

Dessine un tableau avec :
- 8 ronds rouges
- 3 triangles verts
- 5 rectangles violets
- 2 carrés bleus
- 1 losange jaune

Faites une exposition dans la classe.

Et voilà mon tableau !

MAG@DOS

Test
Connaissez-vous bien la France ?

La France est une république. Elle a la forme d'un hexagone.
Sa devise est "liberté, égalité et fraternité" et son symbole est un coq.
La population de la France s'élève à 64 millions d'habitants !

Connais-tu bien la France ?

Réponds aux 10 questions suivantes.

1) La France a la forme d'un...
- a) ☐ triangle.
- b) ☐ hexagone.
- c) ☐ losange.

2) Le symbole de la France, c'est...
- a) ☐ un coq.
- b) ☐ un lion.
- c) ☐ un cheval.

3) Un petit déjeuner en France, c'est...
- a) ☐ une soupe et des sushis.
- b) ☐ un thé et des œufs.
- c) ☐ un café et un croissant.

4) La monnaie actuelle, c'est...
- a) ☐ la livre.
- b) ☐ le franc.
- c) ☐ l'euro.

RÉSULTATS DU TEST

À partir de 8 bonnes réponses :
Bravo ! Tu connais très bien la France.

Entre 5 et 7 bonnes réponses :
C'est bien mais ton professeur peut te conseiller des sites web pour en savoir plus.

Moins de 5 bonnes réponses :
Le cours de français peut t'aider à découvrir la France et sa culture.

5) **Retrouve la légende des photos.**
- ☐ Étretat en France.
- ☐ Pointe-à-Pitre en Guadeloupe.
- ☐ Paris en France.

A B C

+ infos

Le français est, avec l'anglais, l'une des deux seules langues parlées sur tous les continents.

6) **Comment est le drapeau français ?**
- a) ☐ Un fond rouge avec une étoile jaune.
- b) ☐ Rouge, jaune, vert.
- c) ☐ Bleu, blanc, rouge.

7) **Le monument le plus visité en France, c'est...**
- a) ☐ la tour Eiffel.
- b) ☐ le musée du Louvre.

8) **Retrouve un plat français.**
- a) ☐ La pizza.
- b) ☐ Le hamburger.
- c) ☐ La quiche.

9) **La France a une population de...**
- a) ☐ 38 millions d'habitants.
- b) ☐ 64 millions d'habitants.
- c) ☐ 250 millions d'habitants.

10) **Retrouve les voisins de la France.**
- a) ☐ La Russie, la Chine, le Japon.
- b) ☐ La Belgique, l'Espagne, l'Allemagne.
- c) ☐ Les États-Unis, l'Argentine, le Brésil

RECHERCHE INTERNET

Fais des recherches sur Internet et trouve...

a) un plat français.
b) un monument français.
c) un sportif français.

Compare avec tes camarades.

2 Le Club des artistes

J'aime
Je n'aime pas
Je m'appelle Alex et j'ai 12 ans et demi.
L'art
Le rap
La géographie
La lecture

Dans cette unité, je vais :

- Identifier et décrire des objets.
- Demander et dire l'âge et la date d'anniversaire.
- Exprimer mes goûts.

Le Mag'@dos

- Les ados et les loisirs.

Le français en classe d'art

- Je découvre un peintre.
- Je crée un marque-page.

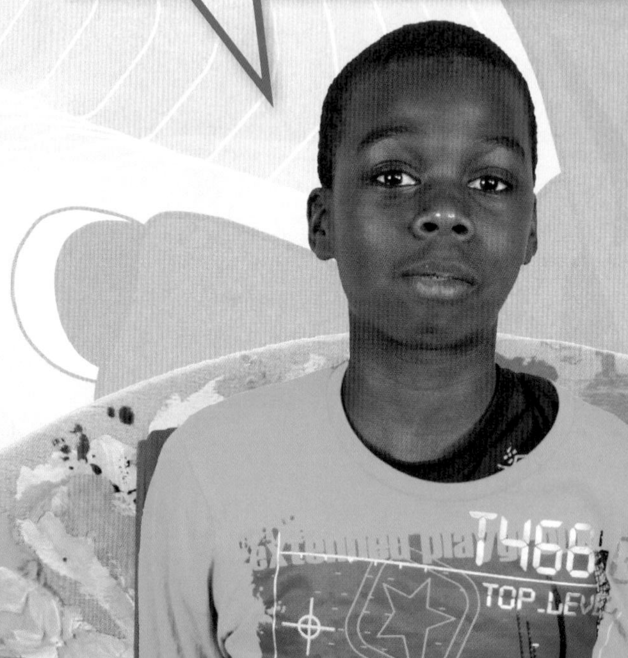

Projets de classe

Nous créons le calendrier des anniversaires de la classe.

J'imagine les goûts d'un ami idéal.

1 | Associe les étiquettes aux photos.

la musique

la peinture

le dessin

2 | Comment s'appelle le personnage de notre unité ? Qu'est-ce qu'il aime ?

3 | Et toi ? Qu'est-ce que tu aimes ?

Dans la chambre d'Alex

Avant l'écoute

1 | **Observe le dessin et réponds.**

Exemple : Alex a un ordinateur ? Vrai.

- Alex aime le tennis. **Vrai/Faux**
- L'ami d'Alex s'appelle Hugo. **Vrai/Faux**
- La chambre d'Alex est rangée. **Vrai/Faux**
- Alex aime le vert. **Vrai/Faux**

2 | **Associe les mots suivants aux numéros du dessin.**

des livres · **un tube de peinture** · **une console de jeux** · **un bureau** · **un lecteur mp3** · **des ciseaux** · **un bracelet brésilien** · **une chaise** · **une raquette de tennis** · **un calendrier** · **un ordinateur** · **un CD**

Dans la chambre d'Alex

3 Complète le dialogue à l'aide du dessin. Ensuite, écoute et vérifie.

Piste 10

Laura arrive dans la chambre d'Alex.

Laura ▸ Salut !
Alex ▸ Salut Laura, entre ! Ça va ?
Laura ▸ Qu'est-ce que c'est ?
Alex ▸ C'est un _bracelet_ brésilien pour l'anniversaire d'un copain.
Laura ▸ Un ... ? Et… comment il s'appelle ?
Alex ▸ Hugo.
Laura ▸ Quel âge il a ?
Alex ▸ Douze ... .
Laura ▸ Et c'est quand, son ... ?
Alex ▸ Le 10 octobre.
Laura ▸ Et il ... .

Laura observe le bureau d'Alex.

Alex ▸ Tu me passes les ... , s'il te plaît ?
Laura ▸ Ouah ! Une maquette de ... ! Elle est super !
Alex ▸ Oui, j'adore les maquettes !
Laura ▸ Et moi, les bracelets brésiliens. Et mon anniversaire, c'est le…
Alex ▸ Oui, le 6 novembre ! Je sais.

4 Choisis la bonne réponse.

Exemple : Où se trouvent les personnages ?
a) Dans la chambre d'Alex. ✔
b) À l'école.

Que fait Alex ?

a) Un bracelet.

b) Une maquette.

Comment s'appelle l'amie d'Alex ?

a) Laura.

b) Hugo.

L'anniversaire de Laura est…

a) le 10 octobre.

b) le 6 novembre.

Les fournitures scolaires

 un crayon

 un crayon de couleur

 un stylo

 un surligneur

 un feutre

 une gomme

 un taille-crayon

 une feuille (de papier)

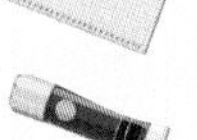 un tube de colle

 une règle

 des ciseaux (m.)

 une trousse

1 Piste 11 **Vrai ou faux ? Écoute, vérifie sur le dessin et corrige si nécessaire.**

Exemple : - Alex a 6 feutres.
- C'est faux ! Il a 8 feutres !

J'adore les activités manuelles ! Voici le kit du super artiste !

Identifier des objets

Qu'est-ce que c'est ? Un puzzle ?
Non ! C'est la maquette d'Alex.

Les articles définis	masculin	féminin
singulier	le livre l'ordinateur	la gomme l'école
pluriel	les livre**s** les ordinateur**s**	les gomme**s** les école**s**

Complète avec un article défini.

a) … gommes b) … ordinateur c) … stylos
d) … cahiers e) … règle f) … crayon

Cahier p.22-23

2 Pose une question. Ton camarade répond.

Exemple : Numéro 2 : Qu'est-ce que c'est ?
C'est le portable de Laura.

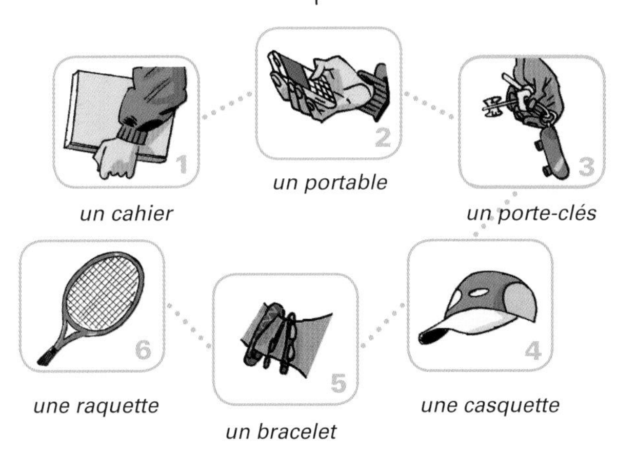

Alex

Laura

Le pluriel des adjectifs qualificatifs

Le pluriel des adjectifs qualificatifs	
singulier	**pluriel**
désordonné/ désordonné**e** vert/vert**e** petit/petit**e** grand/grand**e** rouge	désordonné**s**/ désordonné**es** vert**s**/vert**es** petit**s**/petit**es** grand**s**/grand**es** rouge**s**

Accorde les adjectifs.

a) *Laura a des (grand) yeux (vert).*
b) *Hugo et Laura sont (désordonné).*
c) *Alex aime les (petit) bracelets brésiliens et les (grand) maquettes de bateau.*
d) *Les cahiers d'Hugo sont (rouge).*

3 Termine les phrases avec les adjectifs de la liste. Ensuite, écoute et vérifie.

Piste 12

verts **souriants** **grand**

gourmande **sympathiques**

a) Laura est ....
b) Les amies d'Alex sont ....
c) Tu as des crayons ...... ?
d) Le sac à dos de Vanessa est ....
e) Les copains de Laura sont ....

Mini projet

Va au tableau et dessine un objet de la classe !

Tes camarades devinent.

C'est une règle !

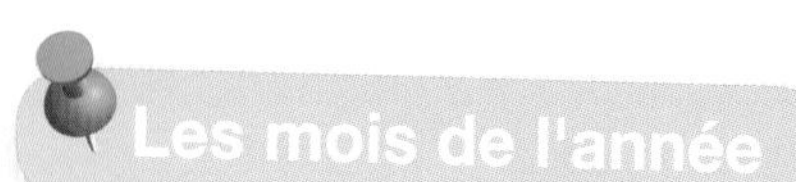

1 *janvier*
2 *février*
3 *mars*
4 *avril*
5 *mai*
6 *juin*
7 *juillet*
8 *août*
9 *septembre*
10 *octobre*
11 *novembre*
12 *décembre*

JANVIER

Lun	Mar	Mer	Jeu	Ven	Sam	Dim
	1	2	3	4	5	6
7	8	9	10	11	12	13
14	15	16	17	18	19	20
21	22	23	24	25	26	27
28	29	30	31			

FÉVRIER

Lun	Mar	Mer	Jeu	Ven	Sam	Dim
				1	2	3
4	5	6	7	8	9	10
11	12	13	14	15	16	17
18	19	20	21	22	23	24
25	26	27	28			

MARS

Lun	Mar	Mer	Jeu	Ven	Sam	Dim
				1	2	3
4	5	6	7	8	9	10
11	12	13	14	15	16	17
18	19	20	21	22	23	24
25	26	27	28	29	30	31

AVRIL

Lun	Mar	Mer	Jeu	Ven	Sam	Dim
1	2	3	4	5	6	7
8	9	10	11	12	13	14
15	16	17	18	19	20	21
22	23	24	25	26	27	28
29	30					

MAI

Lun	Mar	Mer	Jeu	Ven	Sam	Dim
		1	2	3	4	5
6	7	8	9	10	11	12
13	14	15	16	17	18	19
20	21	22	23	24	25	26
27	28	29	30	31		

JUIN

Lun	Mar	Mer	Jeu	Ven	Sam	Dim
					1	2
3	4	5	6	7	8	9
10	11	12	13	14	15	16
17	18	19	20	21	22	23
24	25	26	27	28	29	30

JUILLET

Lun	Mar	Mer	Jeu	Ven	Sam	Dim
1	2	3	4	5	6	7
8	9	10	11	12	13	14
15	16	17	18	19	20	21
22	23	24	25	26	27	28
29	30	31				

AOÛT

Lun	Mar	Mer	Jeu	Ven	Sam	Dim
			1	2	3	4
5	6	7	8	9	10	11
12	13	14	15	16	17	18
19	20	21	22	23	24	25
26	27	28	29	30	31	

SEPTEMBRE

Lun	Mar	Mer	Jeu	Ven	Sam	Dim
						1
2	3	4	5	6	7	8
9	10	11	12	13	14	15
16	17	18	19	20	21	22
23	24	25	26	27	28	29
30						

OCTOBRE

Lun	Mar	Mer	Jeu	Ven	Sam	Dim
	1	2	3	4	5	6
7	8	9	10	11	12	13
14	15	16	17	18	19	20
21	22	23	24	25	26	27
28	29	30	31			

NOVEMBRE

Lun	Mar	Mer	Jeu	Ven	Sam	Dim
				1	2	3
4	5	6	7	8	9	10
11	12	13	14	15	16	17
18	19	20	21	22	23	24
25	26	27	28	29	30	

DÉCEMBRE

Lun	Mar	Mer	Jeu	Ven	Sam	Dim
						1
2	3	4	5	6	7	8
9	10	11	12	13	14	15
16	17	18	19	20	21	22
23	24	25	26	27	28	29
30	31					

1 | Choisis une lettre. Ton camarade donne les mois avec la lettre.

N. *Janvier, juin, novembre.*

Les nombres de 50 à 100

50 *cinquante*
51 *cinquante et un*
52 *cinquante-deux*
53 *cinquante-trois*
54 *cinquante-quatre*
55 *cinquante-cinq*
56 *cinquante-six*
57 *cinquante-sept*
58 *cinquante-huit*
59 *cinquante-neuf*

60 *soixante*
61 *soixante et un*
62 *soixante-deux*
63 *soixante-trois*
64 *soixante-quatre*
65 *soixante-cinq*
66 *soixante-six*
67 *soixante-sept*
68 *soixante-huit*
69 *soixante-neuf*

70 *soixante-dix*
71 *soixante et onze*
72 *soixante-douze*
73 *soixante-treize*
74 *soixante-quatorze*
75 *soixante-quinze…*

80 *quatre-vingt*
81 *quatre-vingt-un*
82 *quatre-vingt-deux*
83 *quatre-vingt-trois*
84 *quatre-vingt-quatre*
85 *quatre-vingt-cinq*

90 *quatre-vingt-dix*
91 *quatre-vingt-onze*
92 *quatre-vingt-douze*
93 *quatre-vingt-treize*
94 *quatre-vingt-quatorze*
95 *quatre-vingt-quinze*
96 *quatre-vingt-seize…*

100 *cent*

2 | **PUZZLE** Avec ton camarade, retrouve 6 mois de l'année.

Exemple : -A et -Vril : Avril !

3 | Écoute ces additions et montre le résultat correct.

Piste 13

69 vingt-sept 92 cinquante
soixante 85 cinquante-huit
soixante-dix 57 quatre-vingt
100 quatre-vingt-treize

Demander l'âge et la date d'anniversaire

Tu es né quand ?

Quel âge tu as ?

Je suis né le 22 août !

J'ai 12 ans.

Le verbe *avoir*
J'**ai**
Tu **as**
Il / elle **a**
Nous **avons**
Vous **avez**
Ils / Elles **ont**

****je* + voyelle / *h* muet → *j'***

Cahier p.24-25

Réponds à ces questions.

a) *Quel âge a Paul ? (13 ans)*
b) *Quel âge ont Laura et Linda ? (14 ans)*
c) *Tu es né quand ? (23/03)*
d) *Vous êtes nés quand ? (02/08 et 04/05)*

4 | Écoute. Associe la voix à chaque situation.

Piste 14

5 | Complète ces phrases à l'aide des verbes *être* et *avoir*.

a) Tu ...... 14 ans.
b) Ils ...... nés le 5 avril.
c) Quel âge vous ...... ?
d) Il ...... né quand ?

La liaison

1 | Écoute. Tu entends une différence entre le singulier et le pluriel ?

Piste 15

l'ordinateur, les‿ordinateurs
l'école, les‿écoles
l'ami, les‿amis

2 | Lis ces phrases à voix haute et fais la liaison si nécessaire.

a) *Les bracelets.*
b) *Les anniversaires.*
c) *Les amis*
d) *Les livres.*
e) *Ils ont 17 ans.*
f) *Ils sont gourmands.*

Tous les élèves écrivent leur date d'anniversaire sur un bout de papier. Vous mélangez. Retrouvez l'anniversaire de chacun de vos camarades.

Les verbes en *-er*

Les verbes en *-er*		
aimer	**détest**er	**ador**er
J'aime Tu aimes Il / Elle aime Nous aimons Vous aimez Ils / Elles aiment	Je déteste Tu détestes Il / Elle déteste Nous détestons Vous détestez Ils / Elles détestent	J'adore Tu adores Il / Elle adore Nous adorons Vous adorez Ils / Elles adorent

Cahier p.26-27

Conjugue les verbes.
a) Vous (parler) anglais.
b) Elle (détester) les maths.
c) Je (regarder) la télévision.
d) Nous (aimer) le collège.
e) Tu (adorer) dessiner.
f) Ils (chanter) en chinois.

1 | JEU

a) Va au tableau et lance le dé.

 *je*  *tu*  *il / elle*

 *nous*  *vous*  *ils / elles*

b) Un camarade dit un verbe : *aimer, regarder, détester, danser, dessiner, chanter*.

c) Écris au tableau le verbe conjugué.

Utiliser la négation

La forme négative	
Je suis française. Tu es timide. Paul a dix ans. Nous dessinons. Vous aimez le foot. Ils adorent le cinéma.	Je **ne** suis **pas** française. Tu **n'**es **pas** timide.* Paul **n'**a **pas** dix ans.* Nous **ne** dessinons **pas**. Vous **n'**aimez **pas** le foot.* Ils **n'**adorent **pas** le cinéma.

ne** + voyelle / *h* muet → ***n'

Transforme les phrases à la forme négative.
a) J'aime la peinture.
b) Vous chantez tous les jours.
c) Alex aime le chocolat.
d) Nous regardons un film.

2 | **Choisis une phrase. Ton camarade dit le contraire.**

Exemple : - Paul est bavard. - Paul n'est pas bavard.

Vous regardez la télé. • Tu es timide. • Elle danse le rap. • Paul est bavard. •
Ils dessinent un vampire. • Je suis français. • Alex aime le tennis.
Lucas a dix ans. • Nous aimons le foot.

3 | **Vrai ou faux ? Observe le dessin. Ensuite, écoute et corrige si nécessaire.**

Piste 16

Exemple : Alex n'est pas avec Laura. → Vrai !

4 | **Remplis le tableau et compare avec tes camarades.**

LA MUSIQUE LE CINÉMA LA BANDE DESSINÉE LES JEUX VIDÉO
LE THÉÂTRE LA DANSE LE CIRQUE LE DESSIN INTERNET LE BASKET
LA LITTÉRATURE LA RÉCRÉATION LA SCULPTURE

J'adore	J'aime	Je n'aime pas	Je déteste

J'adore le cinéma ! Et toi, Rémi, qu'est-ce que tu aimes ?

J'aime les jeux vidéo et je déteste la danse. Et toi, Léa ?

Mini projet

Présente tes goûts à la classe et interroge tes camarades.

J'adore la BD ! Et toi Sophie, qu'est-ce que tu aimes ?

Le coin de la grammaire

Identifier des objets

1 | Transforme avec un article défini, comme dans l'exemple.

Exemple : Une gomme → La gomme

a) Une trousse : ...
b) Des fournitures scolaires : ...
c) Un portable : ...
d) Des amis : ...
e) Une copine : ...
f) Un anniversaire : ...
g) Une raquette : ...
h) Un crayon de couleur : ...
i) Un cahier : ...
j) Une photo : ...
k) Un copain : ...
l) Un bracelet : ...
m) Une bande dessinée : ...
n) Des clés : ....

Le pluriel des adjectifs qualificatifs

2 | Ajoute la terminaison du pluriel si nécessaire.

a) Gaspard est désordonné ..., mais Juliette et Marine sont ordonnée ... .
b) Stéphane et Paul sont bavard ... mais aussi très sympathique ... .
c) Les photos de mes vacances sont belle ... .
d) Alex aime les fêtes d'anniversaire, il est gourmand ... .
e) Plaf et Plouf sont deux chiens, ils sont petit ... et gentil ... .
f) J'adore les vêtements coloré ... .

3 | Complète les dominos avec le nom des objets illustrés. Ensuite, fais 3 phrases (a, b et c) avec les noms et les adjectifs indiqués.

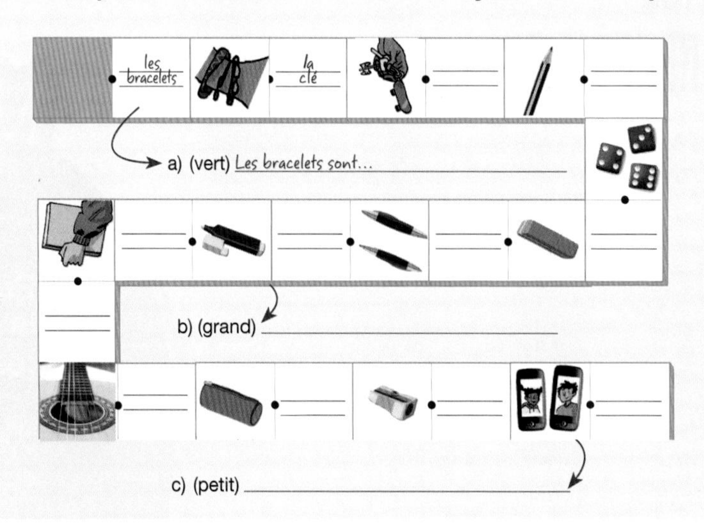

Demander et dire l'âge et la date d'anniversaire

4 | Complète le dialogue.

Jules ▸ *Salut, comment tu t'appelles ?*

Emma ▸ *Je m'appelle Emma et toi ?*

Jules ▸ *Moi, c'est Jules ! Tu es ... quand ?*

Emma ▸ *Moi, je suis ... le 12 avril.*

Jules ▸ *Ah ? Quel âge tu ... ?*

Emma ▸ *J' ... 14 ans et toi, tu ... né quand ?*

Jules ▸ *Mon anniversaire, c'est le 24 mai, j' ... 13 ans.*

Les verbes en *-er*

5 | Complète les verbes et retrouve les formes dans la grille

E	R	A	D	S	E	S	N	I	E	D	D	A
P	S	I	Q	T	D	A	P	U	D	O	E	D
A	T	M	E	C	S	I	O	J	E	B	T	O
R	O	E	F	D	H	M	L	F	S	A	E	R
L	A	P	A	R	L	E	N	T	S	G	S	E
E	L	T	E	N	J	N	A	S	I	B	T	I
C	O	L	L	E	C	T	I	O	N	N	E	S
E	E	R	B	T	U	B	S	A	E	I	J	V
F	I	C	S	V	N	M	N	N	S	C	T	U
P	A	R	E	G	A	R	D	O	N	S	C	R

a) Nous r e g a r d o n s la télé. (regarder)
b) Je _é_ _ s_e les serpents. (détester)
c) Éric _ _rl_ français. (parler)
d) Tu _ess_ _ _ _ un koala. (dessiner)
e) J'a_m_ le rugby. (aimer)
f) Béatrice _d_r_ danser. (adorer)
g) Tu c_l l _ _ _ _ _ _ _ _ s les porte-clés. (collectionner)
h) Ils p_ _ l _ _ t anglais. (parler)

Exprimer ses goûts

6 | Conjugue les verbes.

Salut ! Je m'(appeler) Pierre et j' (avoir) 12 ans. En classe, nous (avoir) des correspondants indiens. Ils (être) super cools et ils (habiter) à Bombay. Aadi (être) mon correspondant. Nous (adorer) chatter sur Internet. Il me (parler) de ses loisirs préférés et de ses goûts. Il (aimer) les maths et le basket, mais il (détester) l'anglais. Moi, je (détester) l'histoire mais je (être) comme Aadi, j'(adorer) le basket !

Le coin du lexique

Les fournitures scolaires

1 **C'est quoi ? Écris le nom des objets.**

Exemple : Le 5, c'est une gomme !

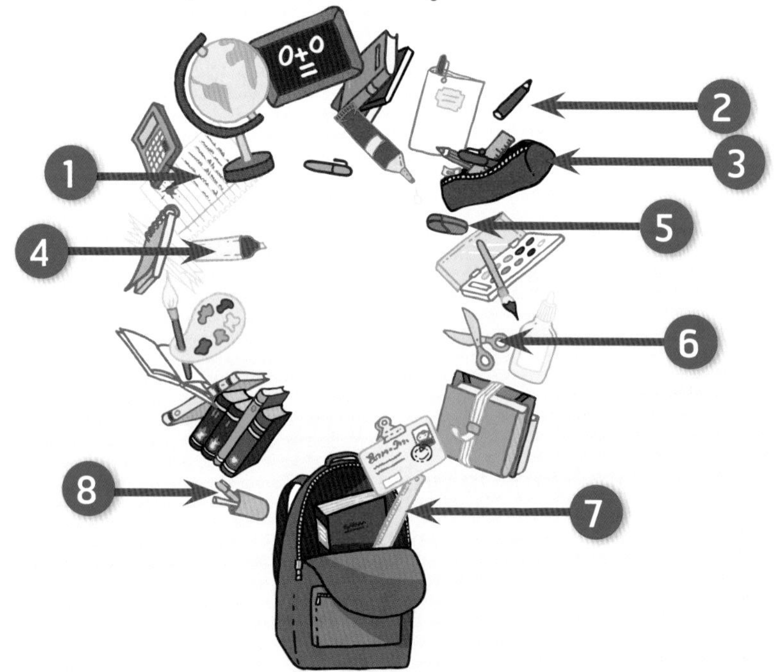

2 **Et toi ? Qu'est-ce que tu as dans ta trousse ? Continue la phrase.**

Exemple : Dans ma trousse, j'ai une gomme, des stylos…

Les mois de l'année (1)

3 **Regarde les dessins et barre le mot intrus.**

Décembre ? Août ?

Juillet ? Octobre ?

Janvier ? Mai ?

4 **Retrouve tous les mois de l'année.**

J _ N V _ E R	M _ I	S _ P T E _ B R E
F _ V R I _ R	J _ I N	O _ T O _ R E
M _ R _	J U _ L _ E T	N _ V E M _ R E
_ V R _ L	A _ Û T	D _ C E M _ R E

Les mois de l'année (2)

5 | Lis tous les indices et trouve les dates.

L'ANNIVERSAIRE DE LÉA EST DEUX MOIS APRÈS L'ANNIVERSAIRE DE GABRIEL.

L'ANNIVERSAIRE DE GABRIEL EST LE JOUR 1 DE L'ANNÉE.

L'ANNIVERSAIRE DE SONIA EST QUATRE MOIS APRÈS L'ANNIVERSAIRE DE LUCAS.

L'ANNIVERSAIRE DE LUCAS EST QUINZE JOURS AVANT L'ANNIVERSAIRE DE GABRIEL.

Les nombres de 50 à 100

6 | Calcule et écris le résultat en lettres.

28 + 45 = ...

19 + 80 = ...

25 - 3 = ...

73 - 13 = ...

8 x 10 = ...

27 + 27 = ...

50 - 45 = ...

98 - 2 = ...

7 x 8 = ...

6 x 9 = ...

7 | Trouve la sortie du labyrinthe et dis par quelles cases tu passes.

Exemple : soixante-huit, cinquante-neuf

A B C

76 52 100 95 62 88 87 90 81 68 67 84 59 69 41 52 54 93 58 60

Projets de classe

Mon projet en groupe

Nous créons le calendrier des anniversaires de la classe.

- Nous recueillons toutes les dates d'anniversaire de la classe.
- Nous classons les anniversaires par mois.
- Nous imprimons un calendrier de l'année.
- Nous écrivons les dates d'anniversaire de toute la classe.

Pierre est né le 5 janvier.
Laure est née en janvier, le 14.

Mon projet individuel

J'imagine les goûts d'un ami idéal et je remplis une fiche. Je présente mon ami idéal à la classe.

- Je choisis un prénom.
- J'imagine l'âge de mon ami idéal.
- Je fais une liste : il aime, il déteste…
- Je remplis la fiche et je présente mon ami à la classe.

ASTUCE

Tu peux faire une liste de tes activités préférées pour trouver celles de ton ami !

MON AMI IDÉAL

Nom : ____________________

Prénom : ____________________

Âge : ____________________

: ____________________

: ____________________

: ____________________

: ____________________

Je découvre un peintre : Piet Mondrian

Mondrian est un peintre néerlandais. Il est né le 8 mars 1872 et il est mort le 1er février 1944. Il a 55 ans quand il peint cette toile avec des formes géométriques ! Son style s'appelle l'art abstrait !

1 | Associe les mots aux dessins.

La palette - Le pinceau - La gouache - Le pot de peinture - La brosse

Lag_____e

Lab____e

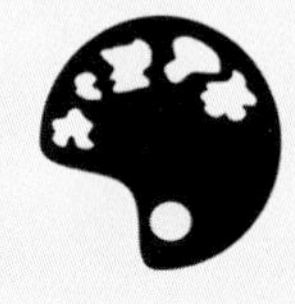

Lap_____e

Lep_tdep______e

Lep_____u

2 | Décris le tableau de Mondrian avec le lexique des formes et des couleurs.

Exemple : Je vois un carré rouge et deux rectangles noirs...

3 | Trouve l'intrus.

peindre | dessiner | gommer | jouer | créer

Mini projet

Crée un marque-page pour la classe de français. Fais des recherches sur un peintre français et imprime des photos.

Lis le texte et associe les activités aux photos.

Selon un sondage réalisé dans cinquante collèges français, les dix activités préférées des adolescents de 12 à 15 ans sont :

1. Être avec les copains
2. Téléphoner aux copains
3. Pratiquer un sport
4. Écouter de la musique
5. Se prendre en photo
6. Surfer sur Internet
7. Jouer à des jeux vidéo
8. Chatter
9. Lire
10. Aller au cinéma

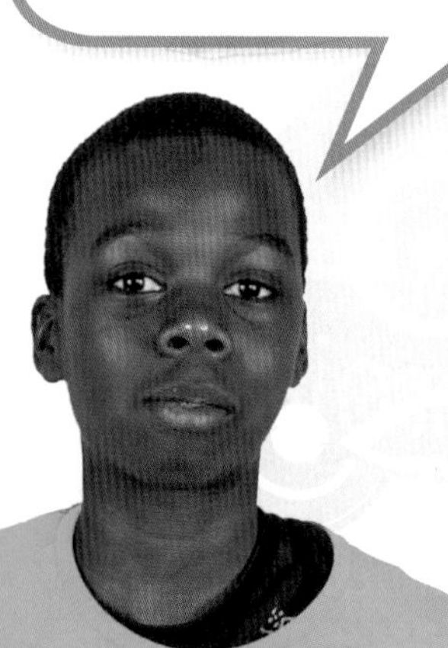

Les ados et les loisirs

La musique préférée des ados

- Classe de 1 à 5 tes musiques préférées.

le rock LA MUSIQUE CLASSIQUE

la chanson française le hip hop

+ infos

68 % des adolescents français pratiquent une activité extra-scolaire.

- Trouve un copain avec les mêmes goûts musicaux.

L'art

- L'art est partout ! Quel art représente chaque photo ? Associe.

Fais des recherches sur Internet et trouve...

a) Un chanteur de rap français.
b) Une comédienne française.
c) Un architecte français.

Compare avec tes camarades.

3 Le Club des lecteurs

J'aime
Je n'aime pas
Je m'appelle Léa et j'ai 13 ans et demi.

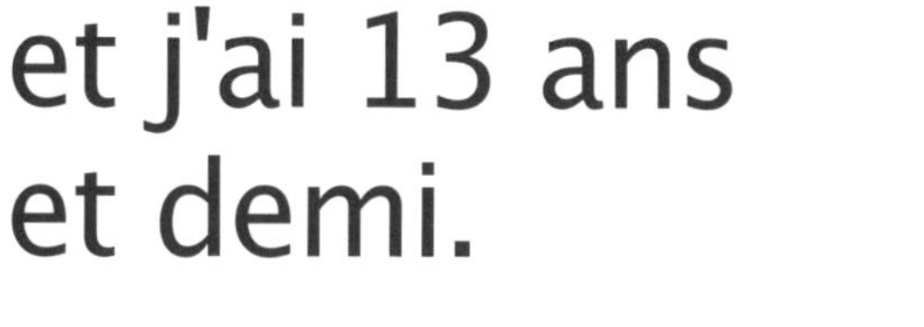

Dans cette unité, je vais :

- Décrire mon collège.
- Identifier les objets de la classe.
- Demander et dire l'heure.
- Parler de mon emploi du temps.
- Utiliser les adjectifs possessifs pour parler de mes affaires.

Le Mag'@dos

- Le calendrier scolaire en France.

Le français en classe de SVT

- Je découvre l'aigle royal.

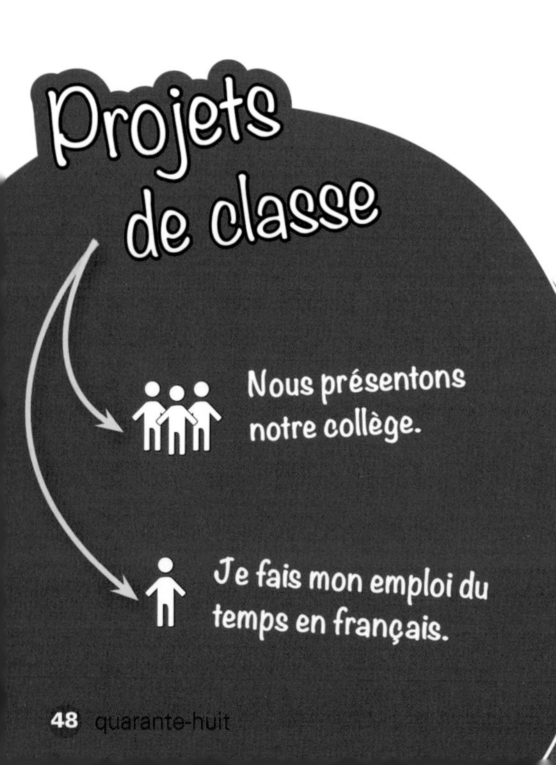

Projets de classe
Nous présentons notre collège.
Je fais mon emploi du temps en français.

1 | Associe les étiquettes aux photos.

une bibliothèque

des livres

des BD

2 | Cite trois titres ou personnages de BD.

3 | Et toi, tu aimes lire ?

Devant la grille du collège

Avant l'écoute

1 | Observe l'illustration. Associe les mots aux numéros sur le dessin.

un collège **des fournitures scolaires** **un livre**

des élèves **un vélo** **une grille**

1
2
3
4
5
6
Je vais au CDI avec Julie.
Avec Julie ? Oh non…
Mes affaires !

Le 8 octobre devant la grille du collège

2 | Écoute et lis le dialogue.

Piste 17

Léa ▶ Eh ! Salut Thomas, tu arrives tard aujourd'hui ! Ça va ?

Thomas ▶ Non… Je n'aime pas le mardi.

Léa ▶ Ah bon ?

Thomas ▶ En plus, aujourd'hui j'ai un contrôle de maths* !

Léa ▶ Moi. j'adore ça, les maths ! Et il est à quelle heure, ton contrôle ?

Thomas ▶ À dix heures.

Léa ▶ Moi, aujourd'hui, je n'ai pas anglais, le prof* est absent. Je vais au CDI* avec Julie.

Thomas ▶ Avec Julie… ?

Le sac de Thomas tombe.

Oh non… mes affaires !

Léa ▶ Attends, je t'aide… Tiens, tes livres… ta trousse…

Thomas ▶ Merci !

Léa ▶ C'est quoi, ça ?

Thomas ▶ Quoi ?

Léa ▶ Regarde, il y a une photo ! C'est une photo de Julie ! Elle est à toi ?

Thomas ▶ Euh…

Dring !

Il est huit heures… Salut, à plus !

Léa ▶ Ah… l'excuse !

Thomas ▶ À midi et quart au self*, d'accord ?

Léa ▶ D'accord !

* Abréviations courantes au collège : « maths » pour « mathématiques », « prof » pour « professeur », « CDI » pour « centre de documentation et d'information », « self » pour « self service ».

3 | Trouve dans le dialogue 1 jour de la semaine et 2 matières scolaires.

1 jour de la semaine : M _ _ _ _

2 matières scolaires : M _ _ _ _

A _ _ _ _ _ _

4 | Vrai ou faux ? Justifie ta réponse.

Il est huit heures :
Thomas a un contrôle de maths. **Vrai/Faux.**

Il est dix heures :
Thomas et Julie mangent au self. **Vrai/Faux.**

Il est midi et quart :
Thomas va en classe. **Vrai/Faux.**

5 | C'est qui ? Léa, Thomas ou Julie ? Réponds aux questions.

- Qui n'aime pas le mardi ?
- Qui a un contrôle de maths ?
- Qui aime les maths ?
- Qui est sur la photo ?
- Qui va au CDI ? Pourquoi ?
- Qui fait tomber son sac ?
- Qui a une photo de Julie ?

1 | Écoute les bruits et trouve le lieu.

Piste 18

la cour de récréation (la récré) | le terrain de sport | le CDI (le Centre de documentation et d'information) | le gymnase | le self service (le self)

Il y a

Qu'est-ce qu'il y a dans ton collège ?
Il y a deux terrains de sport et un CDI.

Qu'est-ce qu'il y a... ?

Il y a un gymnase.
Il y a une cour de récré.
Il y a des salles de classe.
Il y a trois terrains de sport.

Cahier p.36-37

Observe les photos de l'exercice 1 et continue la phrase.
Dans le collège de Léa, il y a des salles de classe, ...

2 | JEU Qu'est-ce qu'il y a dans ton collège idéal ? À deux, faites un petit dessin de votre collège idéal.

Exemple : Dans mon collège, il n'y a pas de gymnase mais il y a 2 terrains de sport.

Les objets de la classe

le tableau

le TNI

la corbeille à papier

la table

l'ordinateur

la chaise

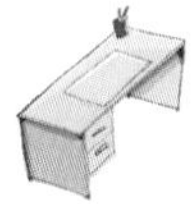
le bureau

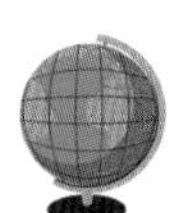
le globe terrestre

la carte de France

le dictionnaire

l'horloge

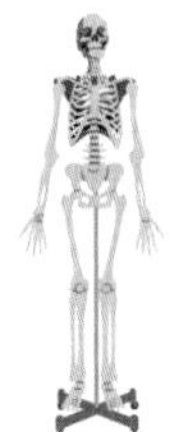
le squelette

Salut ! Voici ma salle de classe ! Nous sommes avec Madame Arithmétique, la prof de maths !

3 Piste 19 **Écoute Léa et montre les objets qu'elle décrit sur l'illustration.**

Combien de/d' ?

Combien d'heures de cours tu as le mardi ?
Quatre heures seulement.

Combien de / d' + nom ?

Tu as **combien de** profs ?
Combien d'élèves* il y a dans ta classe ?

de* + voyelle / *h* muet → ***d'*

Complète avec *combien de/d'*.

a) ... stylos il y a dans ta trousse ?
b) Tu as ... amis ?
c) Il y a ... élèves dans ta classe ?
d) Léa a ... professeurs ?

4 **Pose des questions à ton camarade.**

a) Tu as .... professeurs ?

b) .... élèves dans sa classe ?

c) .... salles de classe il y a dans son collège.

Mini projet

Décris. Qu'est-ce qu'il y a dans ta classe ?

Dans ma classe, il y a...

Les matières scolaires

LES MATIÈRES

- *Le français*
- *Les mathématiques (les maths)*
- *L'anglais*
- *L'allemand*
- *L'histoire*
- *La géographie*
- *L'éducation civique*
- *L'éducation musicale*
- *Les arts plastiques*
- *La technologie*
- *La physique*
- *La chimie*
- *L'éducation physique et sportive (EPS) (f.)*
- *Les sciences de la vie et de la Terre (SVT) (f.)*

1 | **Classe dans l'ordre les matières que tu préfères.**

2 | **Associe le nom des professeurs de Léa aux matières.**

Exemple : Madame Arithmétique : les maths.

Monsieur Big Ben : l'anglais

Monsieur Rémifasola : ....

Madame Olympique : ....

Madame Picasso : ....

Monsieur Grenouille : ....

Monsieur Europe : ....

3 | **À ton tour, choisis 3 matières et propose 3 autres noms de professeurs.**

Exemple : Musique : Monsieur Harmonie.

4 | **Pense à ton emploi du temps et écris 3 phrases.**

Exemple : J'ai EPS le lundi.

a) français b) SVT c) maths

Quel, quels, quelle, quelles ?

Tu as quelles matières le jeudi ?
EPS, français et maths.

Quel, quels, quelle, quelles ?	
masculin	**féminin**
Quel jour tu as anglais ? **Quels** jours tu n'as pas cours ?	**Quelle** matière tu préfères ? **Quelles** matières tu n'aimes pas ?

le mercredi = **tous les** mercredis

Cahier p.38-39

Masculin, féminin ou pluriel ? Barre.

a) *Quel/Quelle professeur tu aimes ?*
b) *Quelle/Quel amie tu préfères ?*
c) *Quelles/Quelle musiques tu détestes ?*
d) *Quel/Quels objets il y a dans ta trousse ?*
e) *Quel/Quels jours tu préfères ?*
f) *Quelles/Quels matières tu as le mardi ?*

Demander et dire l'heure

Quelle heure il est, s'il te plaît ?
Il est sept heures et demie.

À quelle heure ?

À quelle heure tu arrives au collège ?
J'arrive à 7h50.

Cahier p.38-39

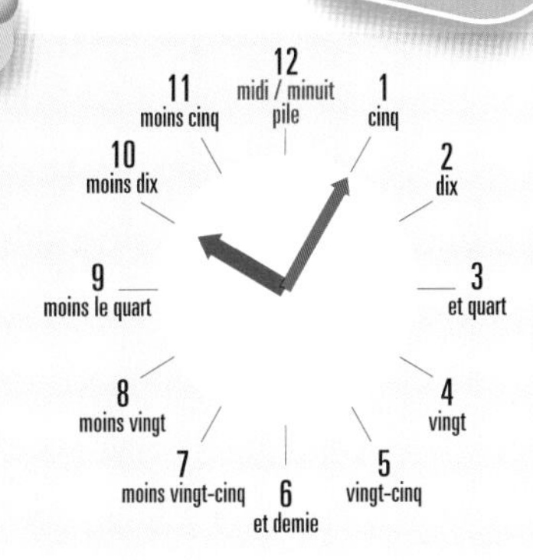

Réponds aux questions.

a) À quelle heure tu arrives au collège ?
b) À quelle heure tu déjeunes au self ?
c) À quelle heure tu termines le lundi ?
d) À quelle heure tu as anglais ?

5 | Écoute les heures et retrouve l'horloge.

Piste 20

6 | Il est quelle heure ? Écris les heures.

7 | Regarde l'emploi du temps de Thomas. Réponds aux questions.

		Lundi	Mardi	Mercredi	Jeudi	Vendredi
matin	8 h 00 – 8 h 55	Français	SVT	Arts plastiques	Géographie	Français
	9 h 00 – 9 h 55	Anglais	Anglais	EPS	Histoire-géo	Histoire-géo
		RÉCRÉATION				
	10 h 10 – 11 h 05	Technologie	Maths	Français	Technologie	Éducation musicale
	11 h 10 – 12 h 05	Maths	Éducation civique	Maths	Anglais	Arts plastiques
midi		REPAS				
après-midi	13 h 30 – 14 h 25	SVT	Français		Physique-chimie	Maths
	14 h 30 – 15 h 25		Français		Musique	Anglais

a) Quels jours il a maths ?

b) Quel jour il n'a pas anglais ?

c) Il a combien d'heures de SVT par semaine ?

d) À quelle heure il a histoire, le jeudi et le vendredi ?

e) Quelles matières il a le mercredi matin ?

Mini projet

Et toi, tu as quelles matières ? Tu as cours tous les jours de la semaine ? Toute la journée ?

Moi, j'ai...

La possession

Il est mignon ! Il est à toi ?

Non, c'est le chien d'Émilie.

Oui, c'est mon chien !

il est à moi
à toi
à lui

Les adjectifs possessifs

	masculin		féminin	
je	**mon** livre	**mes** livres	**ma** trousse	**mes** trousses
tu	**ton** livre	**tes** livres	**ta** trousse	**tes** trousses
il / elle	**son** livre	**ses** livres	**sa** trousse	**ses** trousses

! ***ma / ta / sa*** + voyelle ou *h* muet → ***mon / ton / son***
mon amie, ton amie, son amie

▸ **Cahier p.40-41**

Transforme les phrases comme dans l'exemple. *Le bureau est au professeur : c'est son bureau/le bureau est à lui.*

a) C'est la trousse de Julie. ▸ ....

b) Le bracelet est à moi. ▸ ....

c) Les stylos sont à Lucas. ▸ ....

d) La raquette est à toi. ▸ ....

1 Complète avec *mon, mes, ton, tes* ou avec *moi, toi*. Ensuite, écoute et vérifie.

Piste 21

Le CDI
Des BD
Des dictionnaires
Internet
Des atlas
Des DVD
Des magazines
Des romans
Des CD

2 | **Quand Julie, l'amie de Léa, n'a pas cours, elle va au CDI pour faire ses devoirs. De quoi elle a besoin pour…**

a) Dessiner une carte de France ?

b) Regarder un film ?

c) Traduire un texte en français ?

d) Écouter de la musique ?

e) Lire une histoire ?

f) Chercher des informations ?

3 | **JEU Les élèves posent des objets sur le bureau du professeur. Le professeur pose une question. Les élèves répondent.**

1
À qui est la trousse ?

2
Elle est à Pablo.
Gagné ! C'est ma trousse !

Le son [ʒ]

Cahier p.40-41

1 | **Écoute : gymnase / Julie / jour / jeudi / horloge.**

Piste 22

2 | **Observe les mots de l'activité 1 et complète la phrase dans ton cahier : Le son [ʒ] peut s'écrire … ou … .**

3 | **Prononce correctement ces mots :**
bonjour / intelligent / janvier / joyeux / rouge

Mini projet

Décris le CDI ou la bibliothèque de ton collège.

Dans mon collège,…

Le coin de la grammaire

Il y a

Piste 23

1 Écoute. Qu'est-ce qu'il y a dans le collège de Louise ? Complète la phrase.

Dans le collège de Louise, il y a ....

2 Regarde les photos et compte.

a) Combien d'élèves en blanc il y a au self ? ....
b) Combien d'élèves en vert tu vois dans le gymnase ? ....
c) Combien de tables il y a au self ? ....

Quels, quels, quelle, quelles

3 Complète avec *quel/quels/quelle/quelles*.

a) ... âge as-tu ?
b) ... affaires tu as dans ton sac de classe ?
c) ... matière tu préfères ?
d) ... professeurs tu as le lundi ?

Demander et dire l'heure

 **4 | Écoute les heures et dessine les aiguilles.**

Piste 24

1 

2 

3 

4 

5 

5 | Quelles questions tu poses pour...

a) Demander l'heure ? ....

b) Savoir l'heure du repas ? ....

c) Savoir l'heure d'un rendez-vous avec tes copains ? ....

Exprimer la possession

6 | Transforme les phrases comme dans l'exemple.

Exemple : C'est mon livre. → Il est à moi.

a) Ce sont tes magazines. → ....

b) C'est mon dictionnaire. → ....

c) Ce sont ses affaires (les affaires de Léa). → ....

d) C'est ta trousse. → ....

e) Ce sont ses BD (les BD de Stéphane). → ....

Le coin du lexique

Les objets de la classe

1 | Compare les deux photos. Qu'est-ce qu'il y a dans :

- la classe d'Audrey ?
- la classe de Babacar ?

Dans la classe d'Audrey, il y a...

La classe d'Audrey

La classe de Babacar

Les espaces du collège

2 | C'est quoi ? Nomme les espaces et les objets du collège

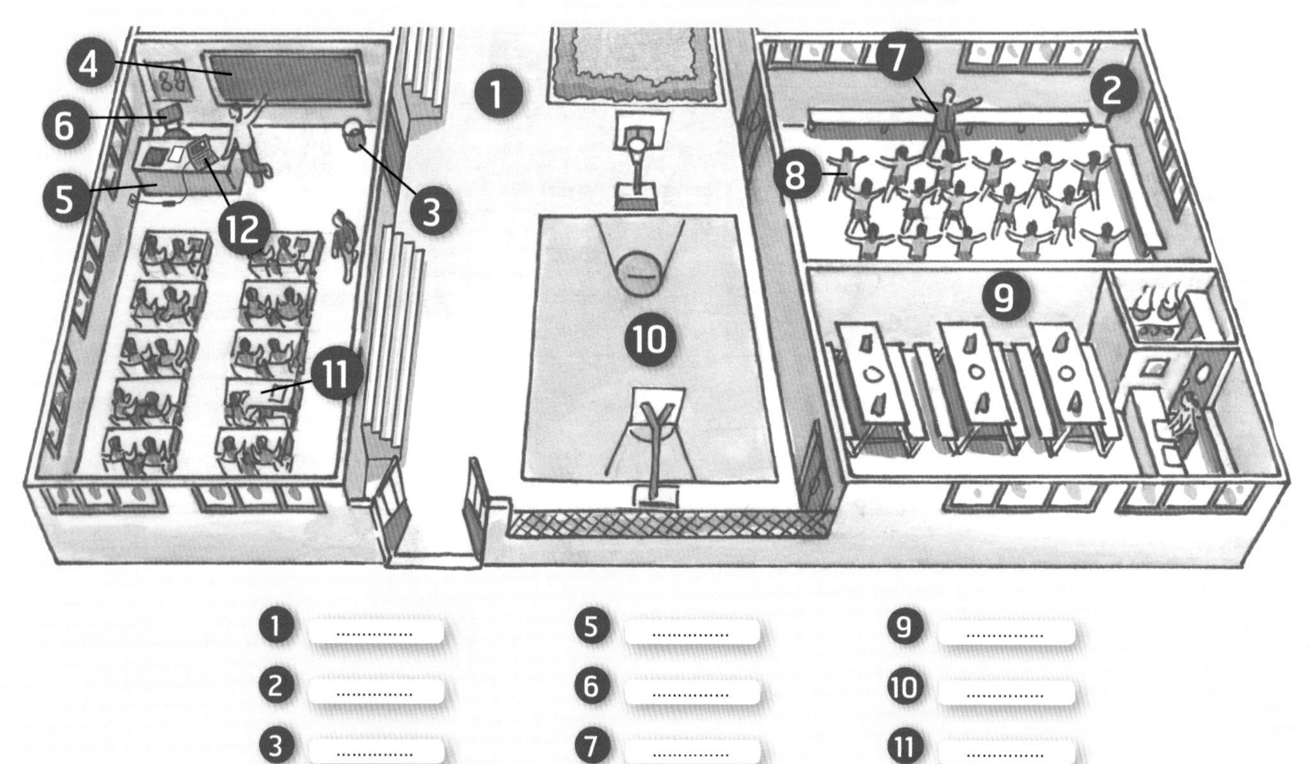

1 ....
2 ....
3 ....
4 ....
5 ....
6 ....
7 ....
8 ....
9 ....
10 ....
11 ....
12 ....

Les matières scolaires

3 | Écoute et écris le nom des matières. Relie aux illustrations.

Piste 25

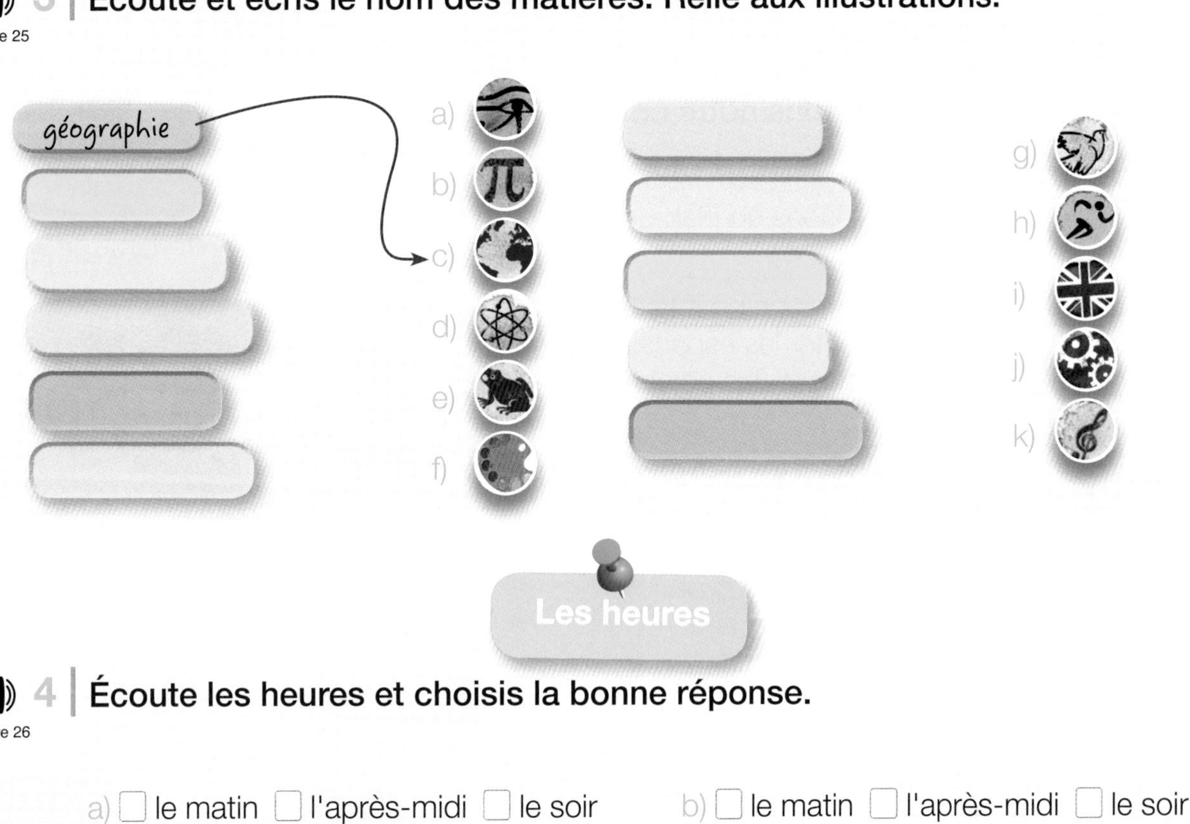

Les heures

4 | Écoute les heures et choisis la bonne réponse.

Piste 26

a) ☐ le matin ☐ l'après-midi ☐ le soir

b) ☐ le matin ☐ l'après-midi ☐ le soir

c) ☐ le matin ☐ l'après-midi ☐ le soir

d) ☐ le matin ☐ l'après-midi ☐ le soir

5 | Écris le nom des objets du CDI.

Au CDI, il y a des encyclopédies et aussi…

Des atlas : ce sont des livres avec des cartes.

a) .... : ce sont des livres avec des définitions et des traductions.

b) .... : il permet de faire des recherches en ligne.

c) .... : ce sont des livres de Jules Verne, d'Alexandre Dumas, par exemple.

d) .... : ce sont des publications pour adolescents avec des jeux, des photos, des reportages…

e) .... : ce sont des livres avec des vignettes, par exemple *Astérix*.

f) .... : c'est pour voir des films.

Projets de classe

Mon projet en groupe

Nous présentons notre collège.

- Nous prenons des photos.
- Nous dessinons un plan des salles.
- Nous écrivons un petit texte pour présenter les espaces, les salles de classe, les objets, etc.

ASTUCE
Tu peux faire une affiche ou un diaporama

Dans notre collège, il y a un terrain, douze salles, etc. C'est un collège sympathique, nous avons 45 professeurs... Les salles sont équipées avec...

Mon projet individuel

Je fais mon emploi du temps en français.

- Je fais une liste des mes matières.
- J'observe le modèle de l'emploi du temps de Thomas (p.55).
- Je crée mon emploi du temps.

ASTUCE
Tu peux utiliser deux couleurs : une couleur (vert) pour tes matières préférées, l'autre (rouge) pour les matières que tu n'aimes pas.

LUNDI	MARDI	MERCREDI	JEUDI	VENDREDI	SAMEDI	DIMANCHE
				maths		
sport						

Les sciences de la vie et de la Terre (SVT)

L'aigle royal mesure environ un mètre. Il a une longue queue et des ailes très grandes. Il pèse entre trois et six kilos. Il mange des petits mammifères (des lapins, des marmottes…) et des serpents. Il vit dans les montagnes. En France, il y a des aigles royaux dans les Pyrénées, les Alpes, le Massif central et en Corse. On dit que l'aigle glatit ou trompette.

1 Associe le vocabulaire aux numéros du dessin.

le bec | l'œil | la patte
l'aile | les plumes | la queue

2 Lis le texte et complète la fiche sur l'aigle royal.

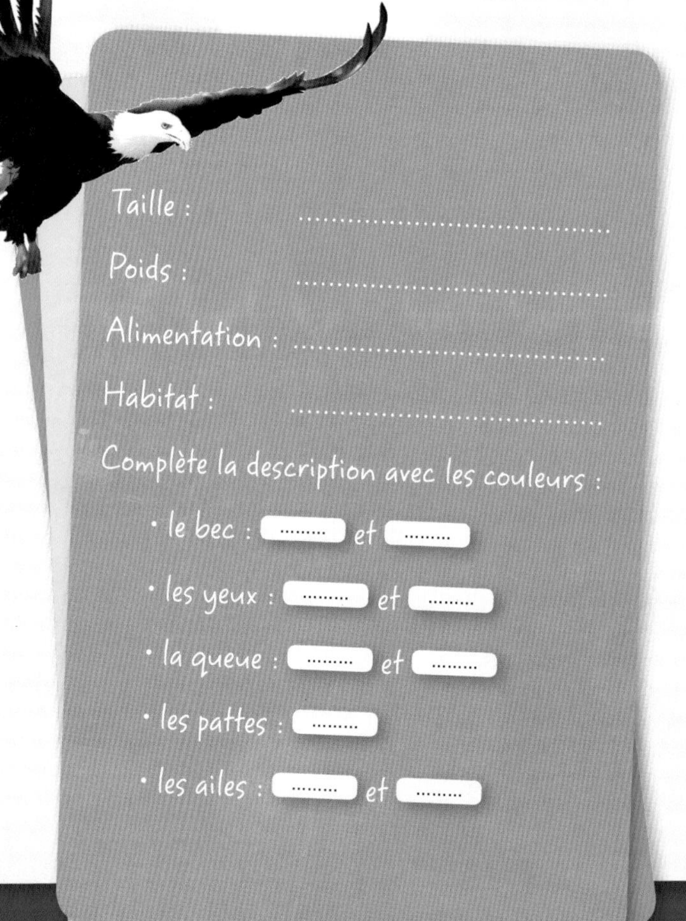

Taille : ....

Poids : ....

Alimentation : ....

Habitat : ....

Complète la description avec les couleurs :

- le bec : .... et ....
- les yeux : .... et ....
- la queue : .... et ....
- les pattes : ....
- les ailes : .... et ....

Mini projet

Faites des recherches et créez une fiche sur votre animal préféré.

Mon animal préféré est…

Le calendrier scolaire en France

septembre

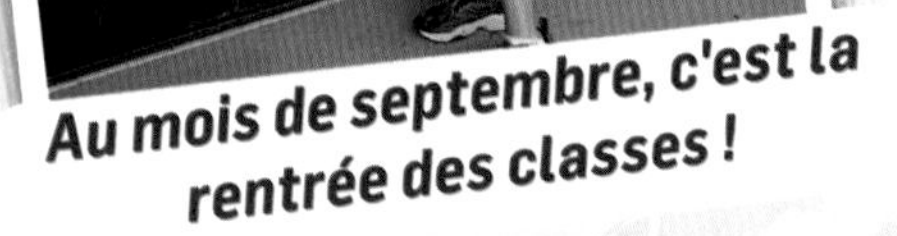

Au mois de septembre, c'est la rentrée des classes !

novembre

Les vacances de la Toussaint

1er novembre : la fête des morts

Les vacances

Observe le calendrier des vacances scolaires en France. Compare les dates de tes vacances avec celles de la France. Tu as les mêmes vacances que nous ?

décembre

Les vacances de Noël

25 décembre : Noël

Le 1er janvier, c'est le Nouvel an ! On se souhaite la bonne année !

juin

+ infos

En France, les élèves ont 6 semaines de classe puis 2 semaines de vacances. En été, ils ont 8 semaines de vacances.

Activités et sorties du collège Giacometti

- Sortie théâtre, classes de 4e A et 4e C : le 10 décembre.
- Classe de neige du 5 au 10 février.
- Voyage en Angleterre des 5e : du 1er au 6 mars.
- Journée "sécurité routière" pour les classes de 3e : le 4 avril.
- Sortie "nature", classes de 6e et 5e : le 5 mai.
- Cross du collège : le 3 juin.

Les vacances de Pâques

février
Les vacances d'hiver
Le 2 février, c'est la Chandeleur, le jour des crêpes !

Les activités et les sorties scolaires

Les collèges français proposent de nombreuses activités et sorties scolaires aux élèves pendant l'année scolaire.

1) Lis le texte. Le collège propose quelles activités ? Quelles activités tu préfères ?

2) Constituez des groupes et proposez par écrit des idées d'activités au directeur du collège.

4 Le Club des athlètes

Dans cette unité, je vais :
- Décrire des personnes.
- Présenter et identifier ma famille.
- Parler de mes activités et de mes loisirs.

Le Mag'@dos
- Les animaux de compagnie en France.

Le français en classe d'éducation physique et sportive
- Les différents sports.

Salut ! Je m'appelle Stéphane et j'ai 12 ans et demi.
Le sport
Les chiens
Les chats
Le dessin
J'aime
Je n'aime pas
ATHLO
DPT.

Projets de classe
Nous construisons un jeu de 7 familles.
Je présente un sportif à la classe.

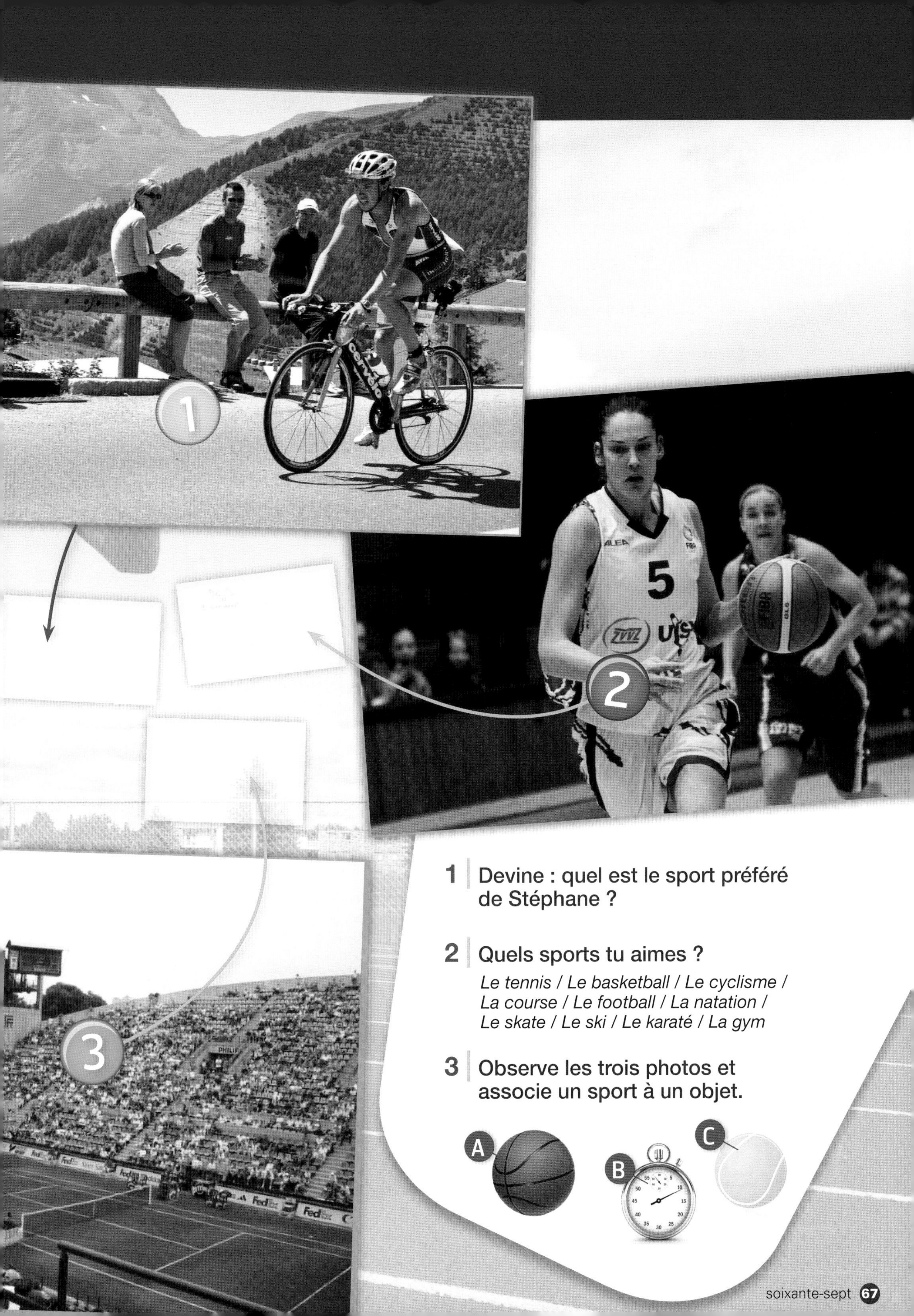

1 Devine : quel est le sport préféré de Stéphane ?

2 Quels sports tu aimes ?

Le tennis / Le basketball / Le cyclisme / La course / Le football / La natation / Le skate / Le ski / Le karaté / La gym

3 Observe les trois photos et associe un sport à un objet.

Brest, 15 heures

AVANT L'ÉCOUTE

1 | **Observe les deux dessins.**

a) Associe les mots aux numéros sur le dessin.

b) Quels mots tu connais ?

des feuilles **une trousse** **des photos** **une horloge** **des lunettes** **des feutres** **un sac à dos** **un grand-père** **un canapé**

1
2
3
4
5
6
7
8
9
Il est génial, ton grand-père avec ses lunettes rouges !
Et il est hyper grand ! C'est le père de ta mère ou de ton père ?
Oui, il est super !
Anglais
Brest, 15 heures

2 | Écoute et complète le dialogue.

Piste 27

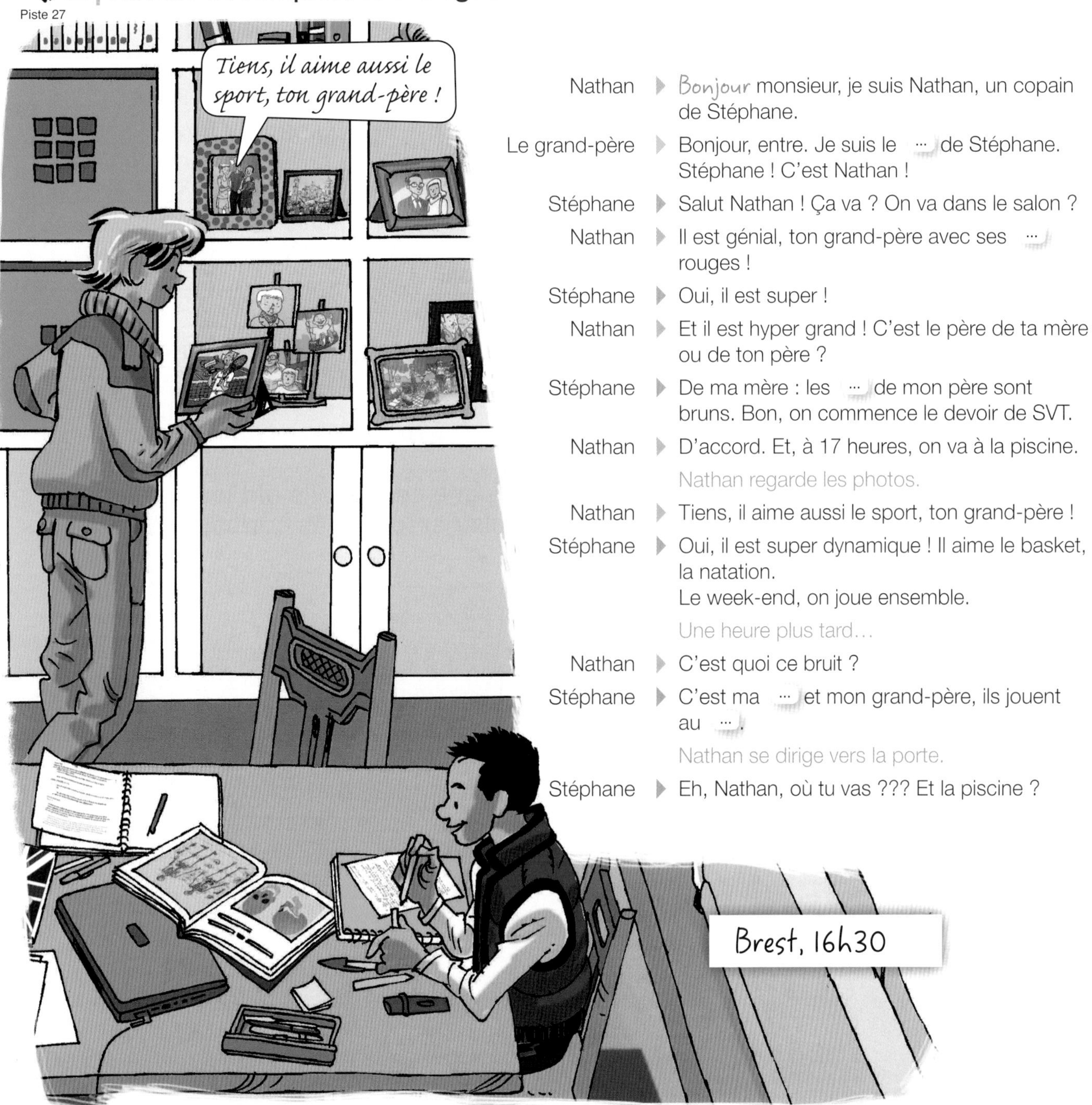
Tiens, il aime aussi le sport, ton grand-père !
Brest, 16h30

Nathan ▶ Bonjour monsieur, je suis Nathan, un copain de Stéphane.

Le grand-père ▶ Bonjour, entre. Je suis le … de Stéphane. Stéphane ! C'est Nathan !

Stéphane ▶ Salut Nathan ! Ça va ? On va dans le salon ?

Nathan ▶ Il est génial, ton grand-père avec ses … rouges !

Stéphane ▶ Oui, il est super !

Nathan ▶ Et il est hyper grand ! C'est le père de ta mère ou de ton père ?

Stéphane ▶ De ma mère : les … de mon père sont bruns. Bon, on commence le devoir de SVT.

Nathan ▶ D'accord. Et, à 17 heures, on va à la piscine.

Nathan regarde les photos.

Nathan ▶ Tiens, il aime aussi le sport, ton grand-père !

Stéphane ▶ Oui, il est super dynamique ! Il aime le basket, la natation.
Le week-end, on joue ensemble.

Une heure plus tard…

Nathan ▶ C'est quoi ce bruit ?

Stéphane ▶ C'est ma … et mon grand-père, ils jouent au … .

Nathan se dirige vers la porte.

Stéphane ▶ Eh, Nathan, où tu vas ??? Et la piscine ?

3 | Réponds aux questions.

Exemple : Qui ouvre la porte à Nathan ? C'est le grand-père de Stéphane.

a) Quand Nathan arrive, où vont les deux copains ?
b) Qui a des lunettes rouges ?
c) Quel devoir commencent Nathan et Stéphane ?
d) À quelle heure Nathan et Stéphane vont à la piscine ?
e) Qui joue au basket ?

L'adjectif qualificatif (le physique)

C'est ta mère ?
Oui, ma mère est brune. Et elle est grande et mince.

Le féminin des adjectifs

masculin	féminin
-e mince	= mince
-t, -d... petit grand	+ e petite grande
gros roux châtain	grosse rousse châtain

Le pluriel des adjectifs

singulier	pluriel
-e mince	+ s minces
-n, -d... brun blond	+ s bruns/brunes blonds/blondes
gros roux	gros/grosses roux/rousses

Accorde les adjectifs.

a) Ses filles sont (grand).
b) La mère est (roux).
c) Ses cousins sont (petit).
d) Elle a de (gros) lunettes.

Cahier p.50-51

1 Piste 28 **Stéphane et son grand-père participent à une course ; ils ont les numéros 16 et 55. Observe le dessin et réponds : quels personnages correspondent à ces descriptions ? Ensuite, écoute et vérifie.**

a) Elle est grande et brune.
b) Elle est rousse. Elle est rapide.
c) Il est brun et grand.
d) Elle est blonde et petite.
e) Il est roux.
f) Il est petit. Il a une casquette rouge.
g) Il est brun et musclé.
h) Elle est blonde et grande.

Les parties du corps

 La main
 Le bras
 Le pied
La jambe

 Le nez
 La bouche
 Les dents
 Les oreilles

 Les doigts
 La langue
 L'épaule
 Les cheveux

2 Écoute la chanson. Associe les parties du corps aux numéros du dessin.

Piste 29

la main **le bras** **le nez** **les yeux**

l'oreille **les dents** **le doigt** **l'épaule** **le pied**

3 DEVINETTE Quelle partie de ton corps tu ne peux pas toucher avec ta main droite ? Réfléchis bien !

Mini projet

Décris oralement un copain de la classe. Tes camarades devinent qui c'est.

Il est mince et roux...

1 | Observe le dessin, lis les phrases et identifie les personnages.

Exemple : Elle joue à la poupée.
C'est la cousine de Stéphane !

a) Elle écoute de la musique.
b) Ils adorent le foot.
c) Elle lit des magazines.
d) Elle est grande.
e) Ils portent des lunettes.
f) Elle est blonde.
g) Ils ont les cheveux blancs.
h) Il a une barbe.
i) Il a un ballon de foot.

2 | Écoute. Qui parle ?

Piste 30

Exemple : J'aime lire des magazines, j'adore la couleur rouge et Stéphane est mon frère.
C'est la sœur de Stéphane !

La négation *ne... pas*

Tu as des frères et sœurs ?

J'ai un frère ; je n'ai pas de sœur.

Regarde la famille de Stéphane et réponds aux questions.

a) Stéphane a un frère ?
b) Sa mère a des lunettes ?
c) Sa cousine a une peluche ?
d) Stéphane a un oncle chauve ?

Ne/N'... pas de/d'

Tu as **une** sœur ?
Non, je **n'**ai **pas de** sœur.

Tu as **un** oncle ?
Non, je **n'**ai **pas d'**oncle.

Tu as **des** frères ?
Non, je **n'**ai **pas de** frères.

Cahier p.52-53

Le son [ɑ̃]

1 Piste 31 **Écoute et répète.**

dent
vacances
grands-parents
enfants
tante
Clémence

2 **Observe les mots de l'activité 1 et complète la phrase dans ton cahier.**

Le son [ɑ̃] s'écrit … ou … .

3 **Trouve les mots avec le son [ɑ̃].**

a) mois (7 lettres)
b) couleur (6 lettres)
c) jour (8 lettres)
d) langue (7 lettres)
e) sport (5 lettres)

3 **Compare la famille de Stéphane et la famille de Léa.**

Exemple : Léa a un frère et Stéphane n'a pas de frère.

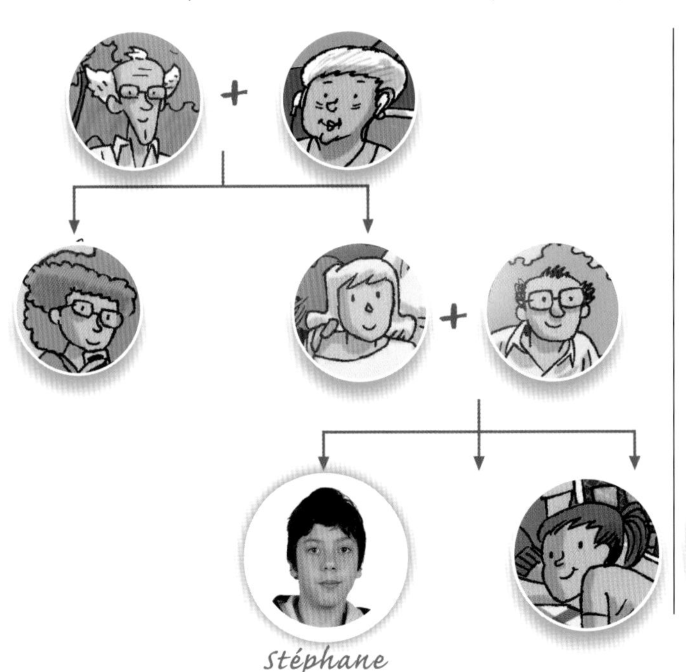
Stéphane

Léa

Mini projet

À ton tour ! Fais ton arbre généalogique et présente ta famille à un camarade de classe.

Mes parents s'appellent…

On = Nous

Maman, on va au parc ! On rentre à 18 h 30.

On = Nous
On **=** 3e personne du singulier.
On regarde la télé. = Nous regardons la télé.

Transforme les phrases avec *on*.

a) Nous parlons dans la cour.
b) Nous jouons au tennis tous les jours.
c) Nous écoutons le professeur.
d) Nous allons au cinéma.

Cahier p.54-55

1 | Remplace *nous* par *on* dans le texte suivant.

Exemple : 1) Nous parlons dans la cour.
On parle dans la cour.

a) Tous les mercredis à 16h, avec Paul, nous avons rendez-vous devant le collège.

b) Nous allons à la bibliothèque municipale pour faire nos devoirs.

c) Nous réservons une salle d'étude et nous installons nos affaires.

d) À la bibliothèque, nous trouvons tous les documents nécessaires pour bien faire nos devoirs.

Dire où on est / où on va

Je suis au bureau, je vais à la boulangerie et j'arrive, d'accord ?

Le verbe *aller*

Je **vais**
Tu **vas**
Il / Elle **va**
Nous **allons**
Vous **allez**
Ils / Elles **vont**

Les articles contractés

à + le → au
Je vais **au** gymnase.
à + les → aux
Je vais **aux** toilettes.

Je suis **à la** piscine.
Je vais **à l'**hôpital.

Complète les phrases avec le verbe *aller* + un article.
a) Elles … école. *b) Je … collège en autobus.*
c) Vous … bibliothèque. *d) On … cinéma samedi ?*

2 Piste 32 **Étienne est le cousin de Stéphane. Écoute et réponds aux questions.**

a) Où va Étienne ?

b) Et toi ? Tu fais ces activités ?

Exemple : Moi, je vais au cinéma le lundi.

le collège | la montagne | la mer
le club de sport | le café | le terrain de sport
la station de ski | le cinéma | la patinoire

Les pronoms toniques

Complète les phrases.
a) Toi, … vas à l'école.
b) … , il adore le foot.
c) … ,ils sont roux.
d) Nous, … allons à la piscine.

Les pronoms toniques

Moi, je vais à la piscine.
Toi, tu téléphones à Sophie.
Lui, il regarde la télé.
Elle, elle écoute sa chanson préférée.
Nous, nous sommes en classe.
Nous, on est à la cantine.
Vous, vous allez au supermarché.
Eux, ils détestent le foot.
Elles, elles adorent la mode.

3 **Complète le chat entre Stéphane et Alex.**

Stéphane ▶ Bonjour ! Qu'est-ce que tu fais ?
Alex ▶ Salut ! Je vais au cinéma et … ?
Stéphane ▶ … , je vais à la salle de sport.
Alex ▶ Et demain ?
Stéphane ▶ Demain, nous, … est en classe avec mes cousins.
Alex ▶ Ok ! Alors à demain au collège !

Mini projet

Et toi ? Où tu vas pour tes activités préférées?

Moi, je vais…

Le coin de la grammaire

La formation de l'adjectif qualificatif (le physique)

1 | Mets ces phrases au féminin puis au pluriel.

a) Son frère est roux.

b) Son père est blond.

c) Son grand-père est gros.

d) Son oncle est mince.

e) Son cousin est petit.

f) Son mari est musclé.

La négation *ne... pas*

2 | Mets les phrases à la forme négative.

a) Alex et Marc sont amis.

b) Vous aimez les chats.

c) Sandrine a onze ans.

d) Tu es timide.

e) Ils dessinent bien.

f) Ils font du karaté le samedi.

g) Elle danse bien !

h) En France, on dîne à 20h.

3 | Réponds aux questions par oui et par non.

Exemple : vous aimez les jeux vidéo ? Oui, on aime les jeux vidéo. / Non, on n'aime pas.

a) Vous avez maths le jeudi ?

b) Vous surfez sur Internet ?

c) Vous allez à la bibliothèque ?

d) Vous aimez la piscine ?

e) Vous regardez la télévision ?

f) Vous jouez au collège ?

On = Nous

4 | Transforme les phrases avec *nous*.

a) On aime l'été, mais on n'aime pas l'hiver.

b) On va à la bibliothèque demain ?

c) On va à la piscine pour le cours de natation.

d) On est au gymnase du collège.

Dire où on est / où on va

5 | **BATAILLE NAVALE Choisis un verbe, une lettre et un chiffre. Ton camarade fait une phrase.**

aller ; B3 — *Tu vas aux vestiaires.*

a) ....
b) ....
c) ....
d) ....
e) ....
f) ....

être / aller	1 le gymnase	2 la patinoire	3 les vestiaires	4 le lac
a) je 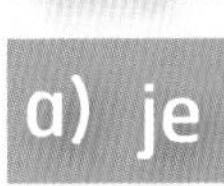				
b) tu 			⛵	
c) il / elle 				
d) nous 				
e) vous				
f) ils / elles				

Les pronoms toniques

6 | **Complète avec les pronoms personnels toniques :** ***moi, toi, lui, nous, vous, eux.***

Exemple : ...., nous avons 12 ans. → Nous, nous avons 12 ans.

a) ...., il déteste le tennis.
b) ...., ils sont très sympathiques.
c) ...., tu joues au basket le samedi avec un copain.
d) ...., j'adore les films d'horreur.
e) ...., vous êtes grands.

7 | **Transforme les phrases comme dans l'exemple.**

Exemple : C'est mon livre. Il est à moi.

a) Ce sont tes clés.
b) Ce sont mes cahiers.
c) C'est sa casquette (de Thomas).
d) C'est ta raquette de tennis.
e) Ce sont ses livres (de Caroline).

Le coin du lexique

1 | **Complète les étiquettes avec les parties du corps.**

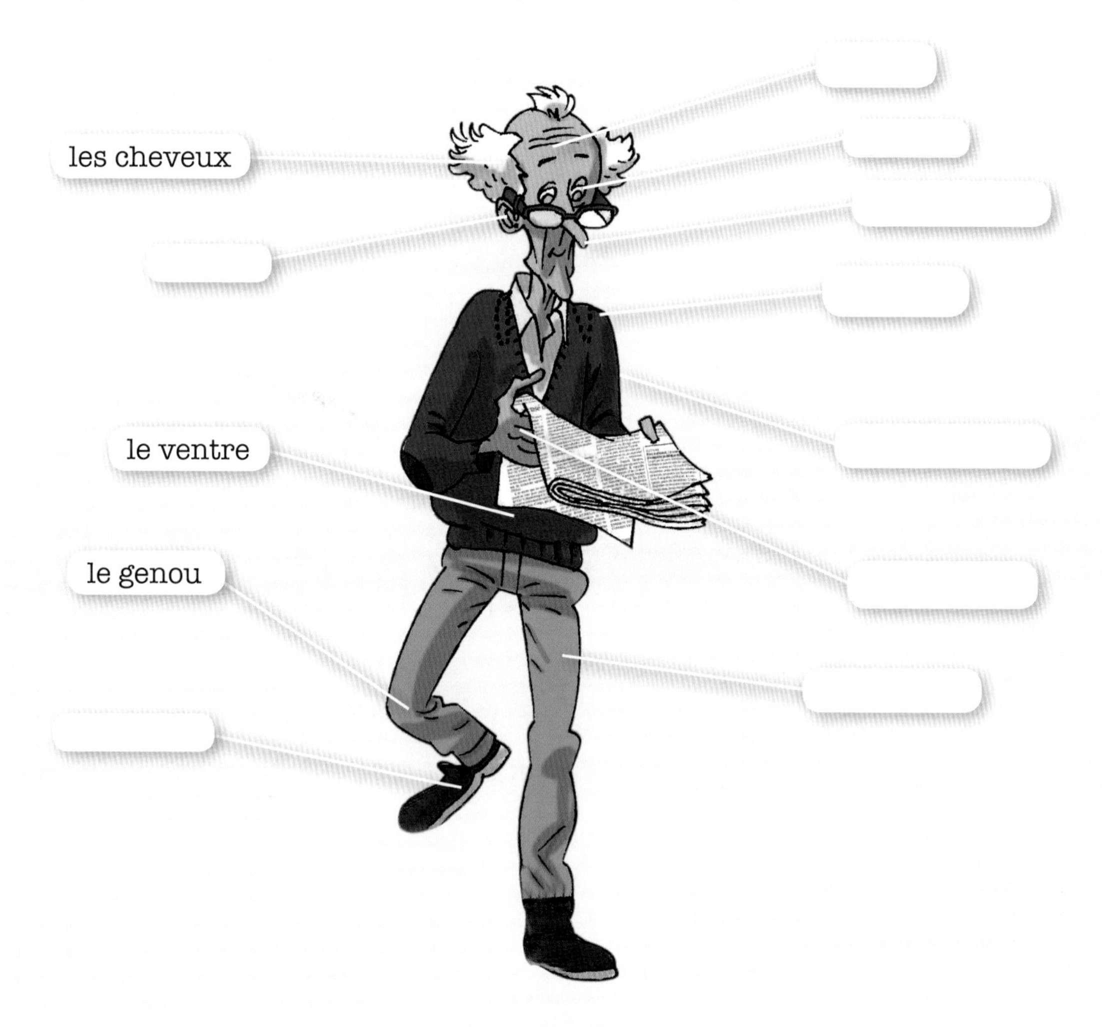

2 | **Complète les phrases avec les parties du corps.**

Exemple : J'écoute avec mes oreilles.

a) J'écris avec la .... droite.

b) Je joue au foot avec mes ....

c) Le docteur des ...., c'est le dentiste.

d) Je suis timide, j'ai les .... rouges.

e) Quand j'ai froid, j'ai les .... bleus !

f) Quand nous mangeons trop de chocolat, nous avons mal au ....

Les parties du corps (2)

3 **Observe Moxus, le Martien, et réponds aux questions.**

a) Il a combien de doigts ?
b) Il a combien de jambes ?
c) Il a combien d'oreilles ?
d) Il a combien d'yeux ?
e) Il a combien de bouches ?

La famille

4 **Complète l'arbre généalogique.**

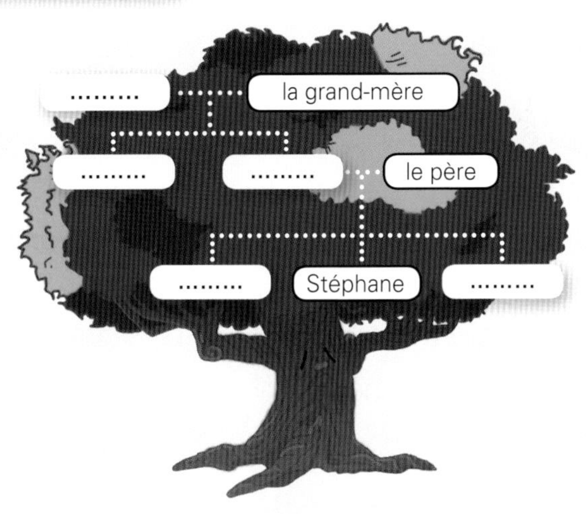

5 **Choisis deux membres de ta famille et décris-les dans un petit texte. Utilise un maximum d'adjectifs de la liste !**

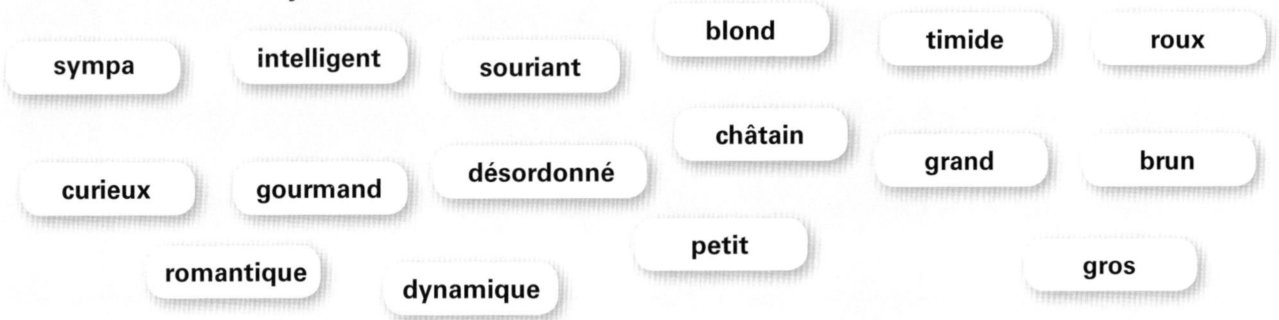

Projets de classe

Mon projet en groupe

Nous construisons un jeu de 7 familles et nous jouons en classe.

- Nous formons des petits groupes.
- Nous choisissons une catégorie de personnages (sportifs, acteurs, chanteurs, etc.).
- Nous créons les cartes de notre famille (le père, la mère, la sœur, le frère, le cousin, etc.).
- Nous jouons au jeu des sept familles en classe.

ASTUCE

Tu peux chercher des photos pour illustrer les cartes !

FAMILLE
Sportive

Messi est petit, c'est un bon joueur de football. Il s'entraîne tous les jours...

FAMILLE
Sportive

le fils
Lionel Messi

JEU DES
7 FAMILLES

Mon projet individuel

J'écris un petit texte sur un sportif.

- Je vais au CDI ou sur Internet et je cherche des informations sur mon sportif préféré.
- Je cherche une photo pour illustrer mon exposé.
- J'écris un petit texte pour décrire mon sportif préféré.
- Je parle de mon sportif préféré à la classe.

ASTUCE

Tu peux faire une exposition ou le présenter oralement.

L'éducation physique et sportive (EPS) !

En France, 77 % des garçons et 60 % des filles pratiquent une activité en dehors des cours d'Éducation Physique et Sportive (EPS) réalisés au collège.

1 | C'est quel sport ? Relie une image à un sport.

2 | Quel sport tu fais dans ces lieux ?

Au stade : ...

À la piscine : ...

Sur le court : ...

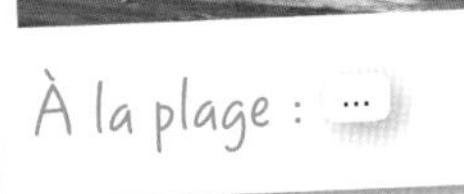
À la patinoire : ...

À la plage : ...

3 | Parle d'un sportif de ton pays.

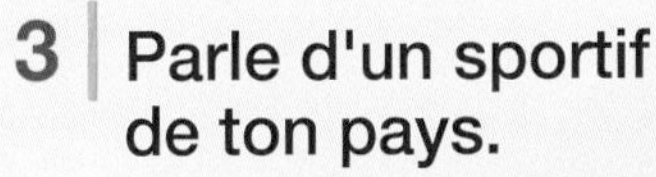

Quels sports sont les plus pratiqués dans la classe ?

Dans la classe, les sports les plus pratiqués sont...

Les animaux de compagnie en France

Véritable phénomène de société !

Les NAC

Les Français adorent les animaux. Ils ont 10 millions de chiens, 9 millions de chats, 8 millions d'oiseaux et 10 millions d'animaux divers : tortues, poissons d'aquarium, cochons d'Inde, hamsters, lapins... On appelle NAC les nouveaux animaux de compagnie (par exemple, les animaux exotiques comme les serpents mais aussi les cochons d'Inde...).

Des animaux et des chiffres

Plus de 51 % des familles ont un animal de compagnie. C'est une présence et une aide pour certaines catégories de personnes comme les personnes âgées ou les enfants. Par exemple, le chien est « un ami et un copain » pour 67 % des familles, « un ami pour les enfants » (24 %), ou considéré « un peu comme un enfant » (18 %).

1) **Observe les photos.**
   - Retrouve dans le texte le nom de ces animaux.

2) **Lis le paragraphe sur les NAC.**
   - Au total, combien d'animaux ont les Français ?
   - Comment s'appellent les nouveaux animaux de compagnie ?

3) **Des animaux et des chiffres.**
   - Dans ton pays, les familles ont un animal de compagnie ?

4) **Lis le texte sur la SPA.**
   - Qu'est-ce que la SPA ?

La SPA

La SPA est la Société Protectrice des Animaux. Elle a plus de 160 ans. Elle s'occupe des animaux abandonnés (90 000 chiens sont abandonnés en France chaque année !) et sensibilise les personnes aux droits des animaux. Les « Jeunes SPA » sont les adolescents bénévoles de la SPA.

+ infos

Les animaux sont protégés par la Déclaration universelle des droits des animaux de l'Unesco (1978).

Témoignage exclusif !

Piste 33

Écoute. Stéphane nous parle des animaux de sa famille. Avec ton camarade, termine les phrases.

1) Le lapin de la sœur de Stéphane est...
- **a)** ☐ blanc.
- **b)** ☐ noir.
- **c)** ☐ marron.

2) Le chat de Stéphane s'appelle...
- **a)** ☐ Félix.
- **b)** ☐ Mario.
- **c)** ☐ Minou.

3) Il aime...
- **a)** ☐ dormir.
- **b)** ☐ jouer.
- **c)** ☐ danser.

4) La grand-mère de Stéphane a...
- **a)** ☐ un chien.
- **b)** ☐ un poisson d'aquarium.
- **c)** ☐ une tortue.

Et dans ta famille, il y a des animaux ?

Exemple : Mon cousin a un chien.

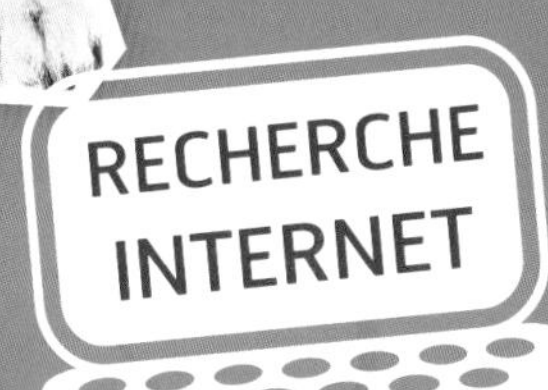

Recherche des informations sur ton animal préféré et écris un petit texte.

Exemple : J'ai un hamster, il s'appelle Noisette. Il a un an. Il est petit. Il est marron et blanc. Ses yeux sont noirs. Il adore manger et dormir.

5 Le Club des citadins

Dans cette unité, je vais :
- Décrire mon quartier et ma ville.
- Indiquer un itinéraire.
- Parler des professions.

Le Mag'@dos
- Bruxelles, capitale européenne.

Le français en classe d'éducation civique
- Je découvre la sécurité routière.
- Je comprends les panneaux de signalisation.

Projets de classe

- Nous jouons à l'itinéraire aveugle.
- Je devine une profession mystère.

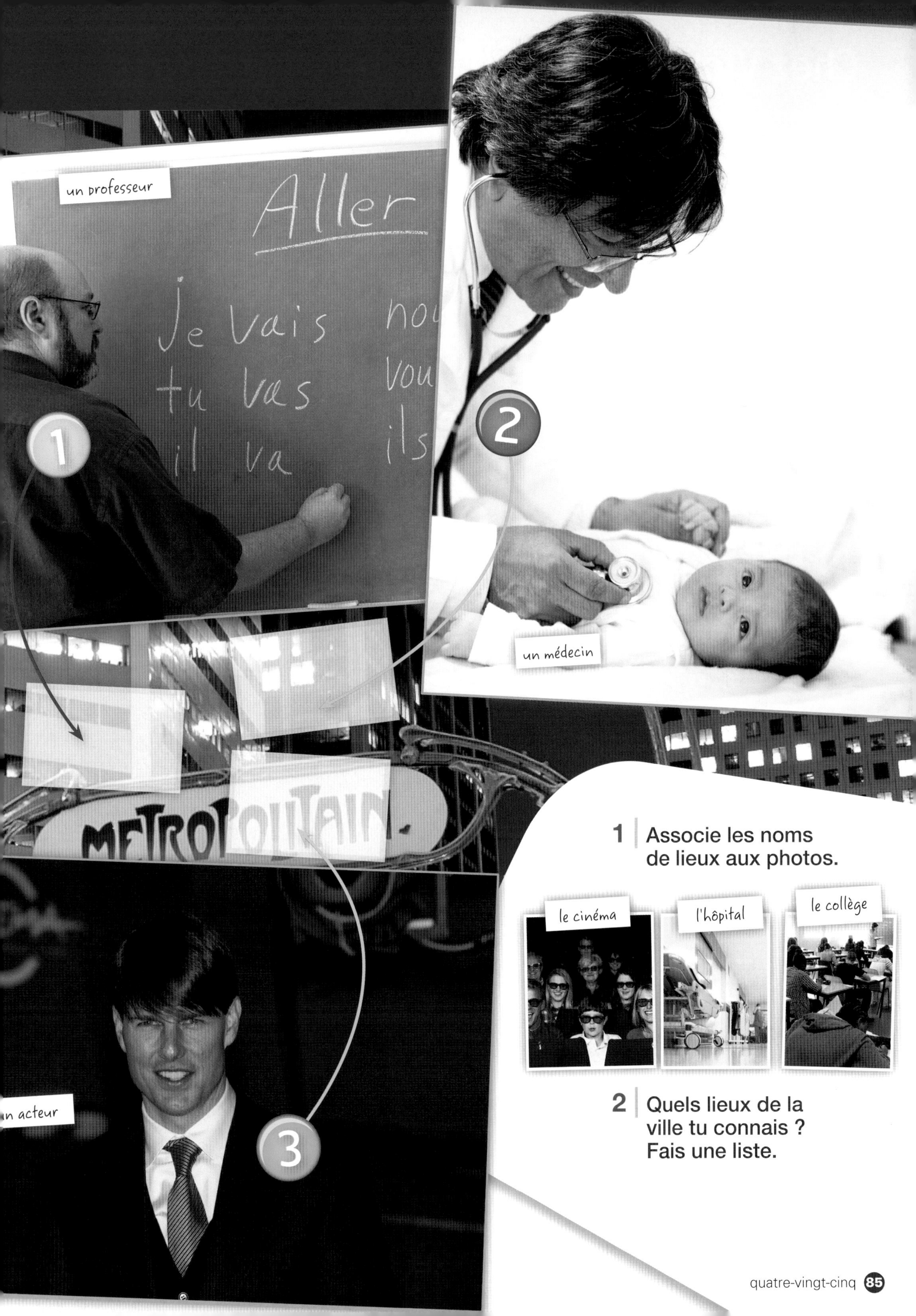

1 | Associe les noms de lieux aux photos.

2 | Quels lieux de la ville tu connais ? Fais une liste.

Chez Victoire

Avant l'écoute

1 | **Lis et associe les mots suivants au dessin 1. (indice : regarde les couleurs).**

(bleu) une voiture **(vert) un arbre** **(gris) une rue** **(rouge et blanc) un panneau**

2 | **Regarde le dessin 2 et réponds aux questions.**

a) Quelle est la date de la fête déguisée de Victoire ?

b) Quelle est l'adresse de Victoire ?

c) À quelle heure commence la fête ? À quelle heure elle se termine ?

d) Quel est le thème de la fête ?

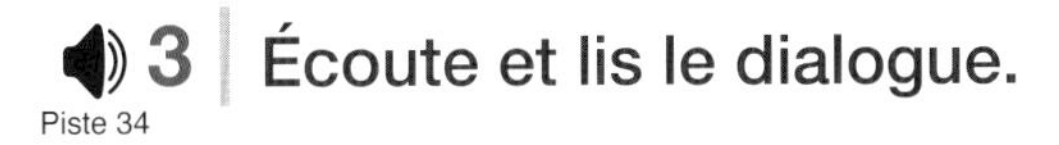

3 Écoute et lis le dialogue.

Piste 34

Fête déguisée !
• Quand ? : samedi 4 mai.
• Heure : de 15 h à 18 h.
• Où : chez Victoire.
• Adresse : 76, rue des Lilas.
• Thème : les professions.
Indispensable : ta bonne humeur !

Victoire ▶ Allô, Emma ? Tu es en retard !
Qu'est-ce que tu fais ? Tu es où ?

Emma ▶ Je suis dans la voiture avec mon père. On est devant l'entrée du parc, à côté de l'hôpital.

Victoire ▶ Vous êtes perdus ?

Emma ▶ Oui, je n'ai pas ton adresse !

Victoire ▶ Elle est sur l'invitation !

Emma ▶ L'invitation…

Victoire ▶ Alors, écoute, c'est facile : prenez la première rue à droite et tournez à gauche au troisième feu, rue des Lilas. J'habite au numéro 76.

Emma ▶ OK, super ! Papa, prends la première rue à droite et au troisième feu, c'est à gauche : rue des Lilas.

Le père ▶ D'accord !

Des copains ▶ Salut Emma ! La fête est géniale !

Emma ▶ Hein ? Quoi ? C'est qui ?

Victoire ▶ C'est Valentine et Martin. Valentine est déguisée en infirmière et Martin en pilote. Et toi, c'est quoi ton déguisement ?

Emma ▶ Mon déguisement ???!!! Euh…
C'est une surprise ! Bon, à plus…
Papa, papa ! C'est à gauche, pas à droite ! Oh là là !!!

Le père ▶ Trop tard !

4 Qui est qui ?

Montre Emma et Victoire sur les dessins.

5 Vrai ou faux ?

a) Emma est en retard à la fête d'Alex. **Vrai/Faux**

b) Emma et Victoire parlent au téléphone. **Vrai/Faux**

c) Victoire décrit à Emma son déguisement. **Vrai/Faux**

d) Emma n'est pas déguisée. **Vrai/Faux**

6 Avec ton camarade, complète le résumé de la conversation.

Emma est avec son … devant l' … : ils sont … . Victoire explique le chemin à … . C'est facile, c'est la première rue à … et à … au troisième feu. Chez Victoire, la fête est … . Les copains sont déguisés : Valentine est déguisée en … et Martin en … . Emma est confuse, elle n'est pas … . À la fin, il y a un problème ! Le père d'Emma se trompe et tourne à … !

a une rue piétonne	e un feu tricolore	i une voiture	m marcher
b une rue	f un trottoir	j un vélo	n tourner (à gauche)
c une piste cyclable	g une place	k un autobus	o traverser (la rue)
d un passage piéton	h un rond-point	l un scooter	p avancer

1 Regarde le dessin et retrouve le vocabulaire (de a à l).

Le 8, c'est un rond-point !

2 DEVINETTE Où est Emma ? Cherche sur le dessin !

3 Complète avec le verbe *être* et des verbes de la circulation (de m à p).

Emma ... sur la piste cyclable. Des piétons ... sur le trottoir. Un homme ... sur le passage piéton. L'autobus ... . Une voiture ... au feu tricolore. Un scooter et une voiture ... au rond-point.

Les prépositions de lieu

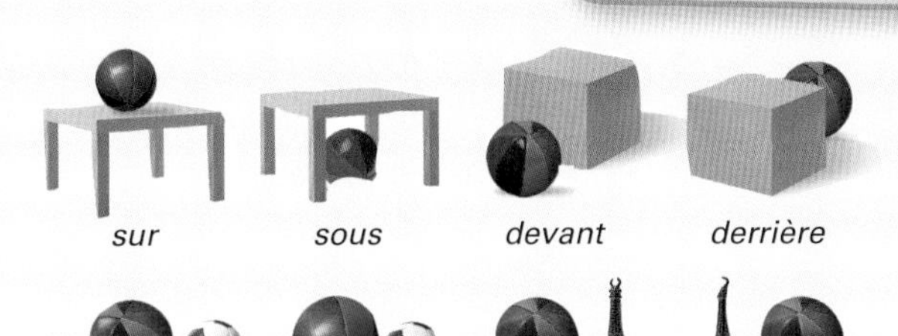

Les articles contractés

de + le = du
Le ballon est **à gauche du** porte-clés.

de + les = des
La balle de tennis est **à côté des** ballons.

4 | Écoute les 8 phrases et associe au dessin correspondant.

Piste 35

5 | Observe ces 3 dessins et décris l'emplacement de la voiture, du bus, des arbres.

Exemple : La voiture est devant le passage piéton.

Mini projet

Dessine les éléments d'une ville sur une feuille. Cache et décris oralement. Ton camarade dessine. Comparez vos dessins.

Les lieux de la ville

1 le cinéma
2 le café
3 le musée
4 la piscine
5 la gare
6 le zoo
7 le parc
8 la bibliothèque
9 le collège
10 l'hôpital (m.)
11 la patinoire
12 le restaurant
13 le stade

1 Écoute les bruits de la ville et nomme chaque lieu.

Piste 36

Exemple : Le 1, c'est le cinéma

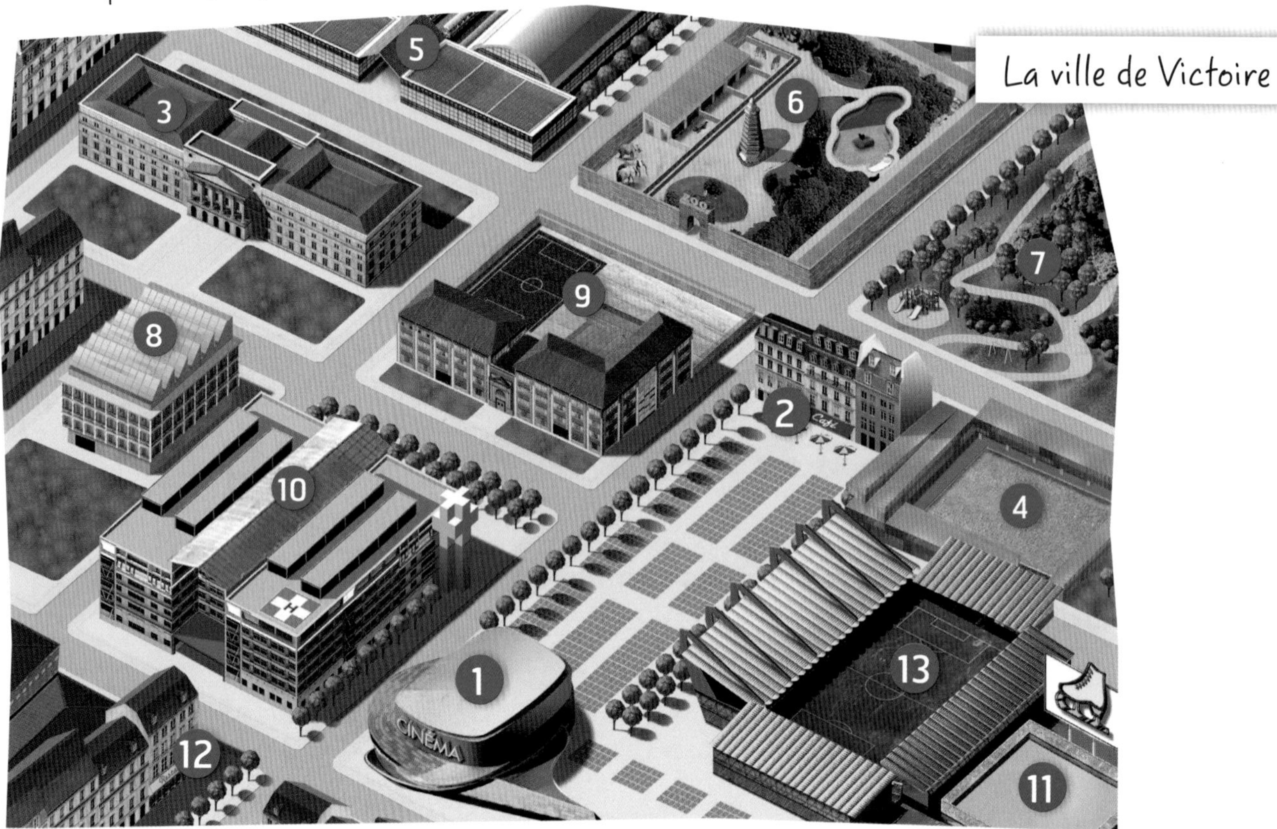

2 Emma est en vacances.

a) Quel est son emploi du temps ? Regarde les dessins et complète la discussion.

1 samedi après-midi

2 samedi soir

3 dimanche

4 lundi

5 mardi

b) C'est le week-end, explique ton emploi du temps.

Lulu : Qu'est-ce que tu fais pendant les vacances ?
Emma : Samedi après-midi, je vais ... déguisée de Victoire et le soir je vais ... avec mes parents.
Lulu : Dimanche, je vais au cinéma avec Camille, à six heures, tu viens ?
Emma : Non, je participe ... du vélo. Et lundi, je vais ... avec Victoire. J'adore !
Lulu : Et mardi ?
Emma : Mardi, je vais ... avec Martin !

Indiquer un itinéraire

Pour aller au musée, s'il te plaît ?
Facile, prends la deuxième rue à gauche...
Merci !

Les adjectifs numéraux ordinaux

1er / 1re	**premier / première**
2e	deuxième
3e	troisième
4e	quatrième
5e	cinquième
	le dernier / la dernière

L'impératif

	affirmatif	négatif
tourner	tourne tournons tournez	ne tourne pas ne tournons pas ne tournez pas
aller	va allons allez	ne va pas n'allons pas n'allez pas
prendre	prends prenons prenez	ne prends pas ne prenons pas ne prenez pas

Complète les phrases avec un verbe à l'impératif ou au présent, et un adjectif numéral ordinal.

S'il vous plaît Monsieur, pour aller à la bibliothèque ? (prendre) ... la (1) ... à gauche.

Pour aller à la piscine, tu (tourner) ... à droite et après tu (prendre) ... la (5) ... rue à droite ! Pour aller au cinéma, c'est facile. (aller) ... devant le zoo, (tourner) ... à gauche, (prendre) ... la (2) ... rue à droite.

Le quartier d'Emma

3 Dimanche, Emma va à la Fête du vélo.

a) Situe le départ et l'arrivée de la course de vélo avec les prépositions de lieu.

b) Explique l'itinéraire à Emma. Utilise l'impératif.

c) Lis le texte. Quelle est la position d'Emma dans la course ? Complète.

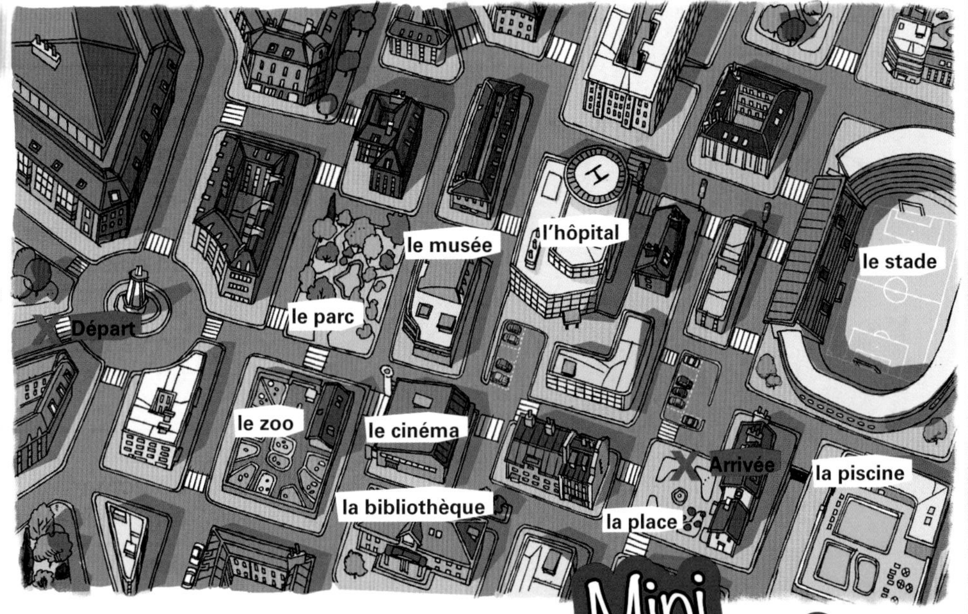

Au début, Emma est 8e. Après, Nathan et son père doublent* Emma et elle est 10e.
Dix minutes après, elle double trois personnes. Super, elle est 7e !
Elle double Valentine, Victoire, Martin et son petit frère : elle est 3e.
Mais à cinq minutes de l'arrivée, c'est la catastrophe : Emma tombe et tout le monde passe devant elle ! Elle est ... .

*doubler = passer devant

Mini projet

Regarde le plan du quartier d'Emma, choisis un lieu, décris un itinéraire. Ton camarade devine le lieu. Inversez les rôles.

1 | Associe chaque photo à une profession de la liste.

un photographe · **un vétérinaire** · **un boulanger** · **un vendeur** · **un coiffeur** · **une infirmière** · **une actrice** · **un pharmacien** · **un journaliste** · **une bibliothécaire** · **une peintre** · **un médecin** · **une avocate** · **un cuisinier** · **une professeure**

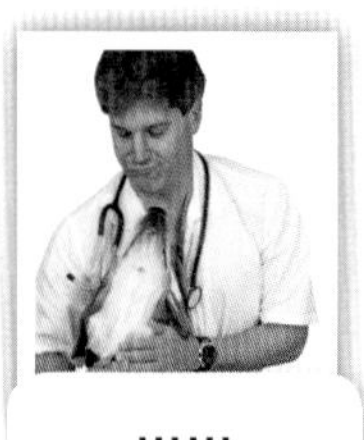
……

……

……

……

……

……

……

……

……

……

……

……

……

……

……

Le féminin et le masculin des professions

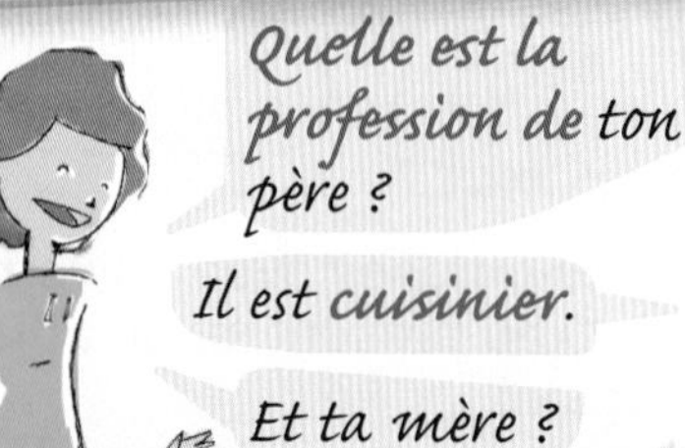

Quelle est la profession de ton père ?
Il est cuisinier.
Et ta mère ?
Elle est vendeuse.

Le féminin des noms de professions

masculin	féminin
-e un photographe un vétérinaire	-e une photographe une vétérinaire
-er un boulanger un cuisinier	-ère une boulangère une cuisinière
-eur un vendeur un coiffeur	-euse une vendeuse une coiffeuse
-teur un acteur un dessinateur	-trice une actrice une dessinatrice
-ien un pharmacien un informaticien	-ienne une pharmacienne une informaticienne

pompier, médecin, photographe, vétérinaire
Il / elle est ***pompier****. Il / Elle est* ***médecin****.*
Il / elle est **photographe**. *Il / Elle est* **vétérinaire**.

Retrouve les professions.

a) Un ……… *travaille avec des animaux.*
b) Une ……… *prend des photos.*
c) Un ……… *éteint les incendies.*
d) Une ……… *joue dans des films.*

Le verbe *faire*

Qu'est-ce que tu fais ce week-end ?
Je fais du patin à glace !

Complète les questions et réponds.
a) Qu'est-ce qu'il ... ton père ?
b) Et ta mère, qu'est-ce qu'elle ... ?
c) Qu'est-ce qu'ils ... tes oncles ?
d) Et toi ? Qu'est-ce que tu ... ?

Le verbe *faire*

Je fais
Tu fais
Il / Elle fait
Nous fais**ons**
Vous fai**tes**
Ils / Elles **font**

▸ Cahier p.68-69

2 | Lance le dé et conjugue le verbe *faire*.

 *je*  *tu*  *il / elle*  *nous*  *vous*  *ils / elles*

3 | Situe et décris les personnages à l'aide des étiquettes.

Exemple : Pierre est derrière Lucile, il est déguisé en pompier.

à gauche de
devant
à droite de
derrière
entre

[u] et [y]

▸ Cahier p.68-69

1 | Écoute et répète les mots.
Piste 37
[u] : *rouge, tourner, bouger, courir*
[y] : *autobus, voiture, salut, rue*

2 | Observe et complète dans ton cahier.
Le son [u] s'écrit...
Le son [y] s'écrit...

3 | Tu es capable de répéter cette phrase trois fois ?
Lucas et Lilou vont rue du Loup dans un bus rouge.

Mini projet

Fais une enquête : quels sont les 3 métiers préférés de la classe ?

Dans ma classe, ...

Le coin de la grammaire

L'impératif

1 **Mets les phrases à la 2e personne du pluriel de l'impératif, comme dans l'exemple.** *Tourne à gauche = Tournez à gauche*

a) Fais l'exercice = ...

b) Prends le livre = ...

c) Va à la piscine = ...

d) Traverse la place = ...

2 **Transforme les phrases de l'exercice 1 à la forme négative.**

Exemple : Tournez à gauche ▸ *Ne tournez pas à gauche*

a) ....

b) ....

c) ....

d) ....

Indiquer la position

3 **Indique la position des coureurs dans la course.**

Indiquer un itinéraire

4 **Valentine est perdue !**

Explique par écrit, dans ton cahier, comment aller de la bibliothèque **(B)** à la piscine **(P).**

Parler des professions

5 **Transforme les phrases au féminin.**

Exemple : Marc est infirmier. Et Sophie ? Sophie est infirmière.

a) Mourad est vendeur. Et Léa ? ....
b) Nicolas est photographe. Et Camille ? ....
c) Christophe est acteur. Et Louise ? ....
d) Aboubakar est médecin. Et Annie ? ....
e) Luc est pharmacien. Et Élise ? ....
f) François est professeur. Et Leila ? ....
g) Yannick est boulanger. Et Alice ? ....

6 Piste 38 **Recopie le tableau dans ton cahier. Écoute et écris la profession dans la case correspondante.**

	masculin	féminin	masculin ou féminin
1			
2			
3			
4			
5			

Le verbe *faire*

7 **Retrouve toutes les formes du verbe *faire* dans les mots mêlés et recopie la conjugaison.**

FAIRE

Je ....
Tu ....
Il ....
Nous ....
Vous ....
Ils ....

	F	A	I	S		F	T	H	F	
T	E		G	R	I	A	D	E	A	S
F	O	N	T		E	I	T		I	U
Y	Q	W	R		B	T	F	L	T	E
H		F	A	I	S		V	X	E	G
O	U	I		Z	S	M	B	U	S	I
	F	A	I	S	O	N	S		L	

Le coin du lexique

1 | Observe le dessin.

a) Associe les mots aux numéros sur le dessin.

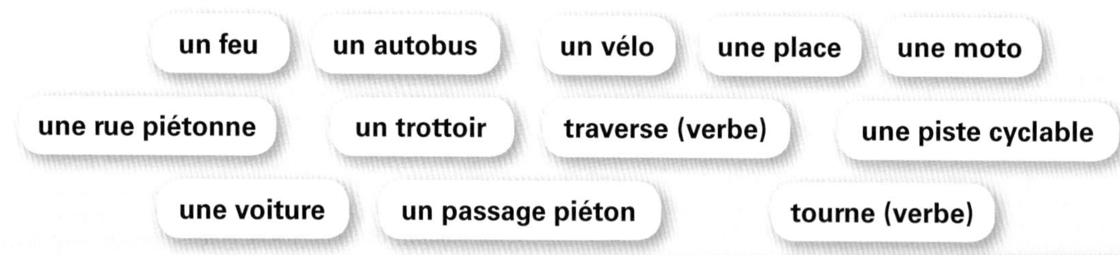

b) Complète les phrases avec les mots des étiquettes.

a) Bruno et Noémie sont dans la ....

b) Il y a trois .... sur la ....

c) Monsieur Roux monte dans l' ....

d) Madame Dujardin marche sur le ....

e) Le .... est vert.

f) Éric traverse la .... avec son chien.

g) C'est la .... du professeur de technologie.

h) Stéphane .... la rue sur le ....

i) La moto .... à gauche.

Les prépositions de lieu (1)

2 | Où est le stylo bleu ?

Exemple : ▶ *Le stylo bleu est sur le livre.*

a) ....

b) ....

c) ....

d) ....

e) ....

Les prépositions de lieu (2)

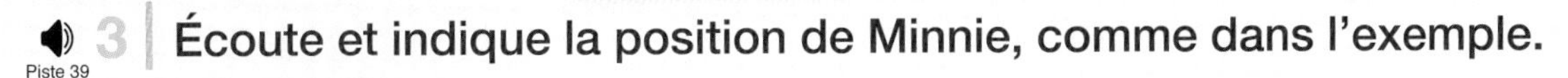

🔈 Piste 39

3 | Écoute et indique la position de Minnie, comme dans l'exemple.

Les lieux de la ville

4 | Où tu vas pour... ?

Exemple : Lire une BD ▶ Je vais à la bibliothèque.

a) Lire un roman ▶ ....
b) Faire du sport ▶ ....
c) Boire un soda ▶ ....
d) Prendre le train ▶ ....
e) Voir un médecin ▶ ....
f) Faire du patin à glace ▶ ....
g) Regarder un film ▶ ....
h) Voir des animaux ▶ ....
i) Manger avec tes parents ▶ ....
j) Nager ▶ ....
k) Faire une promenade ▶ ....
l) Voir des œuvres d'art ▶ ....

Les professions

5 | Regarde ces objets et écris la profession.

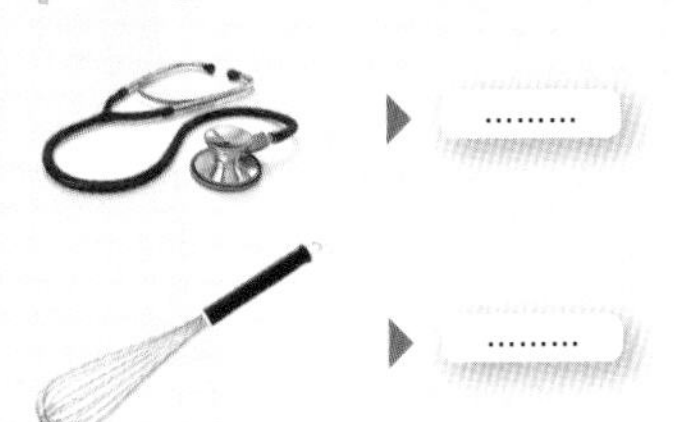

▶ ....

▶ ....

▶ ....

▶ ....

Projets de classe

Mon projet en groupe

Nous jouons à l'itinéraire aveugle.

- Nous constituons 4 équipes.
- Dans chaque équipe, nous bandons les yeux d'un camarade et nous cachons un objet dans la classe.
- Nous chuchotons à notre camarade l'itinéraire à suivre pour trouver l'objet.
- La 1re équipe qui retrouve son objet gagne.

ASTUCE

Tu peux réviser comment indiquer un itinéraire pour être dans la 1re équipe à trouver l'objet.

Mon projet individuel

Je devine une profession mystère.

- Je dessine un objet représentant les professions de mes parents sur un bout de papier.
- Je retourne le bout de papier.
- Chaque élève retourne un papier et devine la profession mystère.

Thomas :

Mon père est...

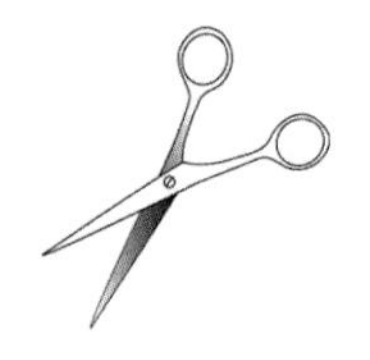

ASTUCE

Tu peux inventer la profession de tes parents.

Exemple : Le père de Thomas est coiffeur !

L'éducation civique

En classe de 5e, les collèges français organisent une journée de sécurité routière. Les élèves apprennent les règles de circulation en ville, les panneaux de signalisation, les risques de la conduite et les gestes des premiers secours.

1 Vrai ou faux ? Lis le texte et l'encadré ci-dessous puis réponds.

a) La journée de prévention se déroule le matin au collège. **Vrai/Faux**

b) Les adolescents français découvrent la sécurité routière en classe de 5e. **Vrai/Faux**

c) Les adolescents français apprennent les risques de la conduite. **Vrai/Faux**

La sensibilisation à la sécurité routière fait partie de l'éducation civique. C'est un enseignement obligatoire et transdisciplinaire, intégré dans les horaires de classe.

Date : le 25 avril.
Lieu : au collège.
Horaires : de 9 h à 16 h.

2 Qu'est-ce que la "sécurité routière" ? Choisis et explique la bonne réponse.

a) Les règles pour la sécurité au collège.

b) Les règles pour circuler en sécurité.

c) Les règles de protection des animaux.

3 Réponds aux questions.

Il y a une journée de sécurité routière dans ton collège ? C'est…

a) utile. b) inutile. c) intéressant.

4 Associe les panneaux aux phrases suivantes.

a) Interdit de tourner à gauche

b) Piste cyclable

c) Passage piéton

d) Interdit aux vélos

e) Rond-point

f) Feu tricolore

5 Décris les panneaux.

Le premier panneau c'est un triangle rouge et noir avec un homme au milieu et un passage piéton.

Mini projet

Sous chaque panneau, écrivez une phrase à l'impératif (affirmatif ou négatif).

Ne traversez pas !

MAG@DOS

Destination Bruxelles

Bruxelles est la capitale de la Belgique et de l'Europe. Elle a une position stratégique car elle est voisine de la France, des Pays-Bas, de l'Allemagne et du Luxembourg. Elle se trouve au milieu de l'Europe ! C'est la plus grande ville de Belgique. Elle a environ 165 090 habitants (chiffre du Registre national au 1er janvier 2011) de 163 nationalités différentes. C'est une belle ville avec des monuments et des lieux touristiques intéressants.

Bruxelles, capitale de l'Union européenne (UE)

L'UE regroupe plusieurs pays. Les symboles de l'UE sont le drapeau, l'hymne, la devise « Unie dans la diversité » et la monnaie commune : l'euro. La Journée de l'Europe, c'est le 9 mai.

© BCE ECB EZB EKT EKP 2002

Lis le texte, regarde la carte et réponds aux questions.

+ infos

En Belgique, il y a 3 langues officielles : le néerlandais, le français et l'allemand.

a **Bruxelles est comment ?**

a) ☐ Grande. b) ☐ Petite.

b **Bruxelles est la capitale de quel pays ?**

a) ☐ La France. c) ☐ L'Europe.
b) ☐ La Belgique. d) ☐ La Suisse.

c **La Belgique se situe entre 4 pays. Lesquels ?**

a) ☐ L'Allemagne et la France. c) ☐ La Suisse et l'Allemagne.
b) ☐ L'Espagne et l'Angleterre. d) ☐ Le Luxembourg et les Pays-Bas.

d **On parle quelles langues en Belgique ?**

a) ☐ Le français, l'anglais et l'italien.
b) ☐ Le néerlandais, l'allemand et le français.
c) ☐ L'allemand, l'italien et le français.

À Bruxelles, il y a des lieux touristiques très intéressants.

Relie les monuments aux définitions.

1 

2 

3 

4 

a) C'est le Manneken Pis ! b) C'est l'Atomium de Bruxelles !
c) C'est la Grand place ! d) C'est le Parlement européen !

Fais des recherches sur Internet et ...

a) trouve la liste des pays européens.
b) décris oralement le drapeau de l'Europe.
c) décris le drapeau de ton pays.

6 Le Club des photographes

Dans cette unité, je vais :
- Parler du climat et des saisons.
- Identifier des lieux.
- Dire la nationalité et l'origine.
- Dire où j'habite.
- Annoncer des projets.

Le Mag'@dos
- Ma vie d'ado ailleurs…

Le français en classe de géographie
- Je découvre les régions françaises.
- Je localise sur la carte.

J'aime
Je n'aime p
Je m'appelle Romain, j'ai 13 ans.

La photographie
La géographie

L'hiver
Le rouge

Projets de classe

Nous créons un dépliant touristique de notre ville/pays préféré(e).

Je poste un message sur un forum pour trouver un cybercopain francophone.

1 | On utilise quel objet pour photographier ?

Un ordinateur

Une caméra

Un appareil photo

2 | Imagine : Romain photographie quoi ?

3 | Et toi ? Tu as un appareil photo ? Qu'est-ce que tu aimes prendre en photo ?

Dans le salon de Romain

Avant l'écoute

1 Observe le dessin.
Décris le salon de Romain avec les mots suivants et associe aux numéros sur le dessin.

Exemple : Sur la table, il y a un ordinateur et un appareil photo.

un ordinateur **la sœur** **Romain** **une table** **un appareil photo** **une plante** **le père** **un chien**

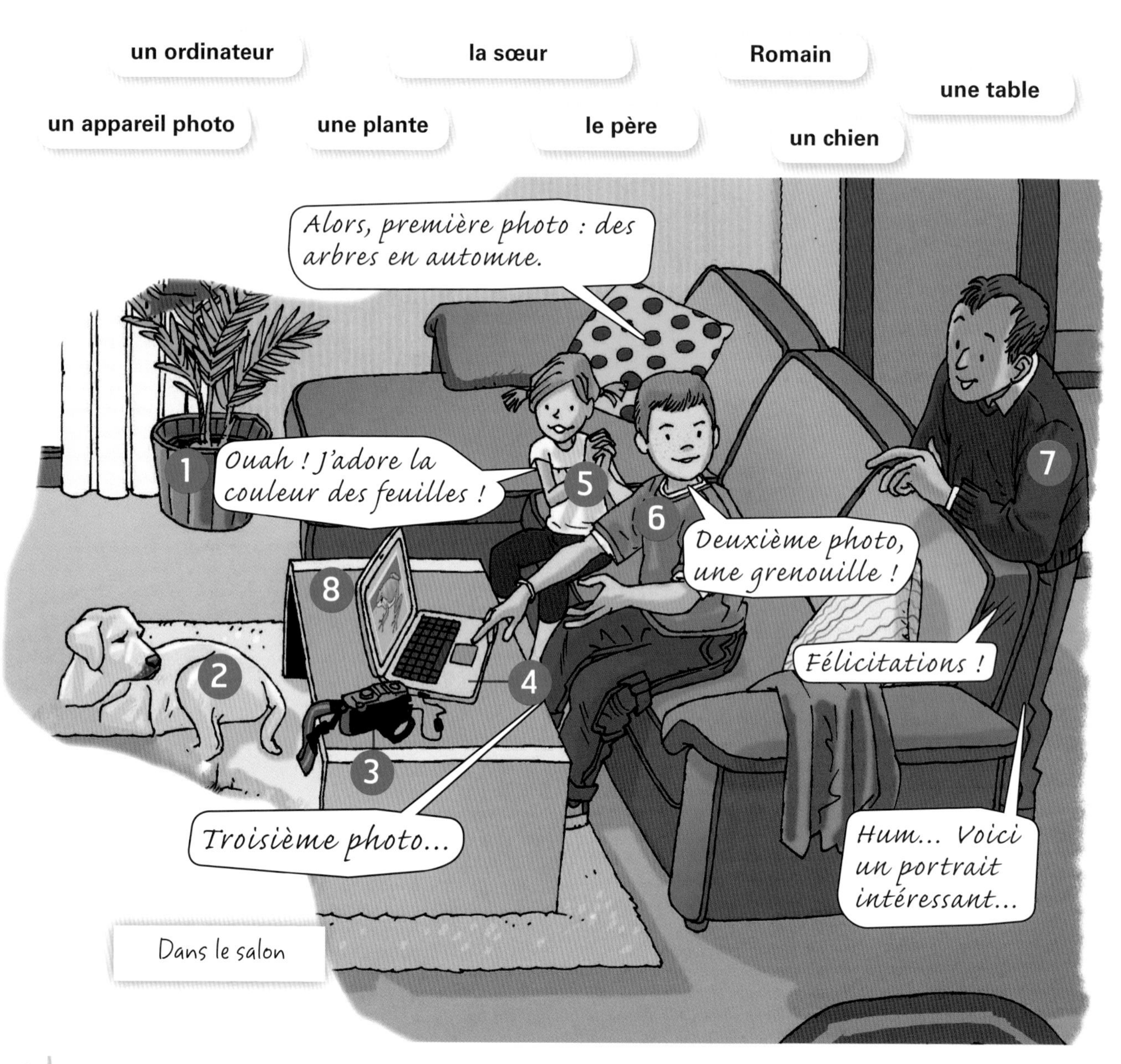
Alors, première photo : des arbres en automne.
Ouah ! J'adore la couleur des feuilles !
Deuxième photo, une grenouille !
Félicitations !
Troisième photo...
Hum... Voici un portrait intéressant...
1
2
3
4
5
6
7
8

Dans le salon

2 Lis les répliques du dessin et relie les propositions.

a) Romain, sa sœur Chloé, leur père et le chien Titou sont...
b) Chloé est...
c) Le père est...
d) Ils regardent des photos...

1) derrière Romain.
2) à côté de Romain.
3) sur l'ordinateur.
4) dans le salon.

3 | Écoute et complète le dialogue. Puis, remets les photos dans l'ordre.

Piste 40

Romain ▸ … .

Le père ▸ Bonjour Romain.

Chloé ▸ Salut ! D'où tu viens ?

Romain ▸ … . Et j'ai un CD avec mes meilleures photos de l'année !

Chloé ▸ Fais voir ! Fais voir !

Romain ▸ Attends, je vais chercher mon ordi*. Il est dans ma chambre.

Cinq minutes plus tard…

Romain ▸ … photo : des arbres en automne.

Chloé ▸ Ouah ! J'adore la couleur des feuilles !

Romain ▸ Deuxième photo, une grenouille !

Le père ▸ Félicitations !

Romain ▸ Merci ! … .

Le père ▸ Hum… Voici un portrait intéressant…

Chloé ▸ C'est qui ???

Romain ▸ C'est Mario, il est italien. Il habite à Rome. … , dans la série « insectes »… un scarabée.

Chloé ▸ Beurk, … les insectes !

Romain ▸ Et maintenant, une surprise…

Chloé ▸ … le lac ! Il est super content.

Romain ▸ Il adore nager quand il fait chaud.

Le père ▸ Elles sont très bien, tes photos, Romain ! Bravo !

Romain ▸ Chloé, j'ai une photo spéciale pour toi, mais si tu détestes les insectes…

Chloé ▸ Oh ! Une coccinelle ! … .

* « Ordi » : « ordinateur » en langue familière.

1 

2 

3 

4 

5 

6 

4 | Tu as compris ? Que représente…

a) La 1re photo : …… b) La 2e photo : …… c) La 3e photo : ……

d) La 4e photo : …… e) La 5e photo : …… f) La 6e photo : ……

5 | Et toi ? Quelle photo de Romain tu préfères ? Pourquoi ?

La nature

1 | **Quels éléments de la nature tu aimes (♥♥) ? Quels éléments tu n'aimes pas (♥) ? Explique tes goûts à ton camarade.**

2 | **Regarde les autres photos de Romain et décris-les oralement (lieux, couleurs, etc.).**

3 | **Les saisons.**

a) Associe une couleur à chaque saison.

Exemple : Pour moi, le orange, c'est les arbres en automne.

***au** printemps*

***en** été*

***en** automne*

***en** hiver*

b) Trouve un camarade avec les mêmes associations.

c) Tu veux photographier la nature ; tu choisis quelle saison ? Pourquoi ?

Parler du temps qu'il fait

- **Il fait** chaud.
  beau.
- **Il y a** du soleil.
- Le ciel est bleu.

- **Il fait** froid.
  mauvais.
- **Il y a** du vent.
  des nuages.
- Le ciel est gris.

Complète les phrases.

C'est l'été, le soleil brille, il fait ... . C'est l'hiver, il pleut et il fait ... . Voilà l'automne, les feuilles tombent ; le ciel ... et il y a ... ! Au printemps, les oiseaux chantent, il fait ... .

Cahier p.78-79

4 Regarde par la fenêtre de la classe. Quel temps il fait aujourd'hui ?

5 Observe les photos de Romain. Quel temps fait-il ? C'est quelle saison ? Qu'est-ce qu'ils font ?

- **Aller à la piscine.**
- **~~Jouer aux dames dans le salon~~.**
- **Regarder la télé.**
- **Faire un bonhomme de neige.**
- **Jouer à des jeux vidéo.**
- **Faire du vélo dans la forêt.**

Exemple : ❶ En automne, il fait froid, il pleut et on joue aux dames dans le salon.

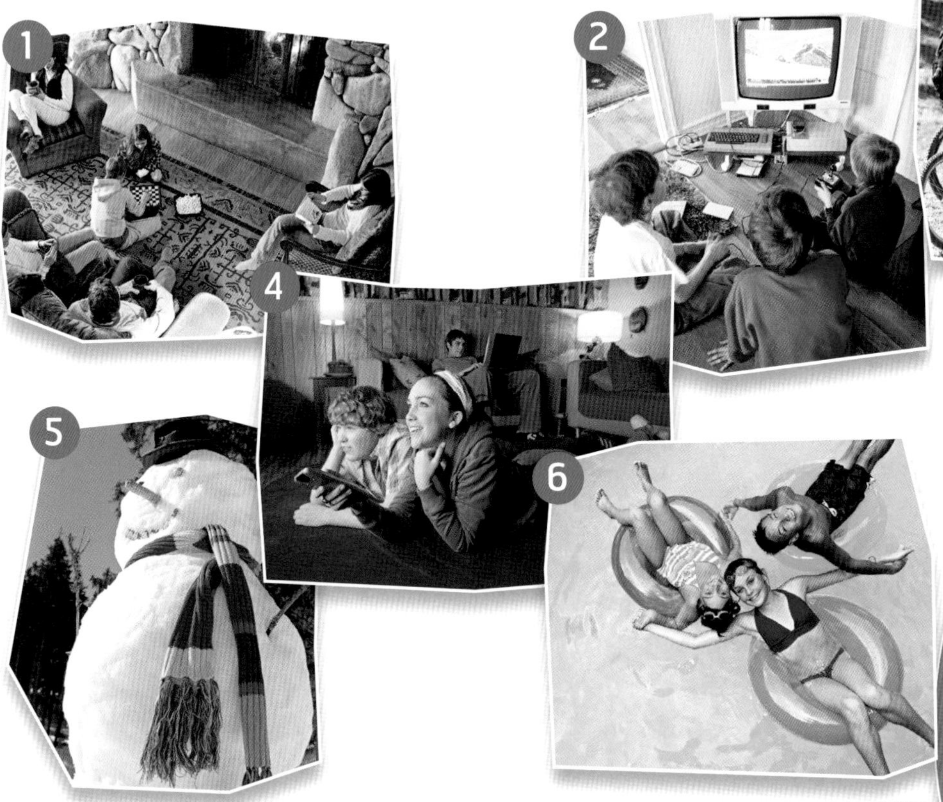

Mini projet

Réponds aux questions.
Qu'est-ce que tu fais quand...
- Il fait beau ?
- Il fait chaud ?
- Il pleut ?
- Il fait froid ?

Les pays, les continents et les habitants

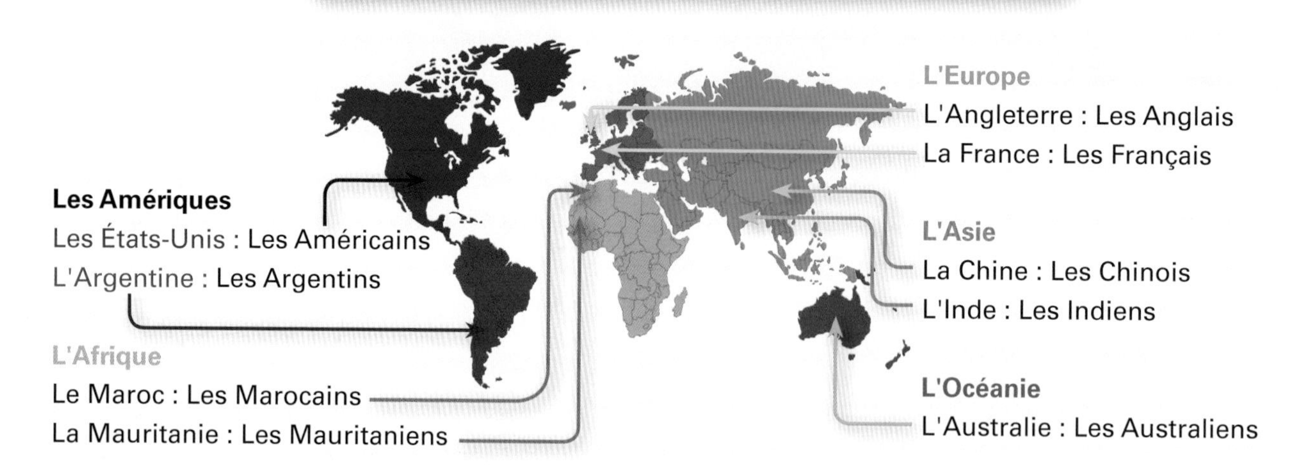

1 Piste 41 **Romain a 4 cybercopains photographes. Écoute puis complète chaque fiche de présentation.**

Vini	Alaidden	Graciela	Jack
Pays : L' ...	Pays : Le ...	Pays : L' ...	Pays : L' ...
Continent : ...	Continent : ...	Continent : ...	Continent : L'Océanie
Capitale : ...	Capitale : ...	Capitale : Buenos Aires	Capitale : ...
Langue : hindi	Langue : ...	Langue : ...	Langue : ...
Nationalité : ...	Nationalité : marocaine	Nationalité : ...	Nationalité : ...

1 Piste 42 **Écoute les mots. Dans ton cahier, écris le mot en rouge quand tu entends le son [s] et en vert pour le son [z]**

La Suisse • Le Zimbabwe • La Nouvelle-Zélande
L'Australie • L'Espagne • Le Sénégal • Le Brésil

2 **Répète les mots.**

Tu connais d'autres mots avec le son [s] *?*
Et avec le son [z] *?*

Cahier p.80-81

Dire où on habite, où on est, où on va

Où tu habites ?
J'habite à Nice, en France.

Habiter / Être / Aller

à + ville
Noémie habite **à** Paris.
en + pays féminin, terminaison en *-e*
J'habite **en** Espagne.
au + pays masculin
Tu habites **au** Maroc ou **au** Chili ?
aux + pays pluriel précédé par *les*.
John habite **aux** Antilles.

Cahier p.80-81

Complète avec ***en, à, au, aux***.
Ma sœur habite ... Chine et mon frère est ... Vietnam. Mes parents vont ... Bruxelles, mais ils habitent ... États-Unis. Mon cousin est ... Brésil et moi, je vais ... Afrique, ... Sénégal.

2 C'est où ? Regarde les dessins et fais des phrases avec les informations proposées.

Exemple : John habite à Londres, en Angleterre, il est anglais.

John
habiter / Londres
l'Angleterre
être / anglais

Piotr
être / Moscou
la Russie
être / russe

Anke
aller / Amsterdam
les Pays Bas
être / hollandais

Boris
habiter / Saint-Pétersbourg / la Russie
être / russe

Katia
aller / Barcelone
l'Espagne

Mario
habiter / Lisbonne
le Portugal

Fabio
être / Pise
l'Italie

Lance une balle à un camarade et dis le nom d'un pays avec l'article.
Ex : Le Maroc !

Ton camarade fait une phrase :
Ex : J'habite au Maroc, je suis marocain.

Dire d'où on vient

Mais d'où tu viens ?
Du stade !

Je viens du parc.
de l'hôpital.
des États-Unis.

Je viens de France.

Le verbe *venir*

Je **viens**
Tu **viens**
Il / Elle **vient**
Nous **venons**
Vous **venez**
Ils / Elles **viennent**

venir de + pays (sans article)

Cahier p.82-83

Complète les phrases avec *venir* et *de la/du/des/de l'*

a) Je ... cinéma.
b) Vous ... bibliothèque.
c) Tu ... restaurant.
d) Ils ... piscine.
e) Nous ... zoo.
f) Tu ... magasins.

1 **Romain est au parc d'attractions avec ses copains.**

a) Observe le dessin puis associe le nom des attractions aux numéros sur l'image.

le train des mines **la maison hantée** **le bateau pirate** **les montagnes russes** **le toboggan**

1
2
3
4
5

Romain ▸ Eh Marc, regarde, je ..., et toi tu viens d'où ?
Marc ▸ Ah ah, je ... ; je suis tout noir !
Romain ▸ Et vous, les filles, d'où vous venez ?
Juliette et Marie ▸ Nous, on ... ! Ça fait peur, il y a des chauves-souris !
Romain ▸ Est-ce que vous savez où est Luc ?
Juliette et Marie ▸ Oui, il est à la boutique, il ... !
Romain ▸ D'accord, moi ..., qui vient avec moi ?
Maxime et Adrien ▸ Pas nous ! Nous ... et nous avons la tête qui tourne !

b) Écoute et complète le dialogue.
Piste 43

c) Écris les prénoms de Romain et de ses copains sous chaque dessin et fais une phrase.

....

6

Annoncer des projets

Les expressions temporelles

Aujourd'hui.
La semaine prochaine.
Demain.
En juillet / août / automne...
Lundi / Mardi...
Pendant les vacances.

Qu'est-ce que tu vas faire pendant les vacances ?

Je vais faire du surf. Et toi ?

Je vais aller chez mon oncle, à Poitiers.

Le futur proche

Aller + infinitif

Je **vais jouer** au foot.
Tu **vas prendre** l'avion.
Il / Elle / On **va nager**.
Nous **allons faire** du sport.
Vous **allez lire** dans le jardin.
Ils / Elles **vont discuter**.

Cahier p.82-83

Conjugue les verbes entre parenthèses au futur proche.

Qu'ils ce qu'ils (faire) demain ? Ils (se promener) au parc. Et toi ? Qu'est-ce que tu (faire) le week-end prochain ? Je (lire) à la bibliothèque, et vous, où est-ce que vous (aller) pendant les vacances ? Nous (voyager) au Maroc !

2 Piste 44 **Romain parle des projets de sa famille pour samedi. Associe les phrases et conjugue au futur proche. Ensuite, écoute et vérifie.**

Exemple : Titou va nager dans le lac.

1) Titou .... nager...
2) Moi, samedi, je .... prendre...
3) Ma sœur et ses copines .... écouter...
4) Mon père .... jouer...
5) Ma mère .... aller...
6) Et toi, qu'est-ce que tu .... faire...

a) au cinéma avec une copine.
b) de la musique.
c) des photos d'insectes.
d) samedi ?
e) dans le lac.
f) au tennis.

3 **Qu'est-ce qu'ils vont faire ? Fais une phrase avec le futur proche et ajoute une expression de temps (*la semaine prochaine, demain*, etc.)**

Mini projet

Avec un camarade, crée des étiquettes avec des expressions temporelles. Tire au sort une expression et annonce tes projets.

Demain, je vais aller à la piscine.

Le coin de la grammaire

Parler du temps qu'il fait

1 **Regarde la carte. Pose une question à ton camarade. Il répond.**

Exemple : - Quel temps il fait à Paris ?
- Il pleut.

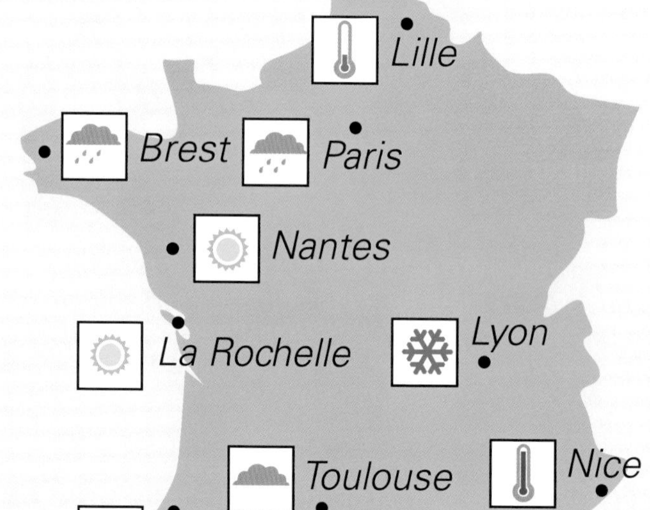

2 **Complète avec *il fait* ou *il y a*.**

a) ... du soleil
b) ... beau
c) ... des nuages
d) ... froid
e) ... chaud
f) ... doux
g) ... du vent
h) ... mauvais

Les saisons

3 **Complète avec *au* ou *en*.**

a) ... printemps, le ciel est bleu et les oiseaux chantent !
b) ... hiver, il neige et il fait froid !
c) ... automne, le ciel est gris et les feuilles tombent.
d) ... été, le soleil brille dans le ciel et il fait chaud.

Dire où on habite, où on est

4 **a) Lis le nom de la ville et fais une phrase avec le verbe *habiter*.**

Exemple : Bruxelles : Il habite à Bruxelles, en Belgique.

Paris / Bamako / Berlin / Ottawa / Madrid / Londres / Varsovie / Sofia / Lima / Bombay / Hanoï / Lima / Tokyo / La Havane / Moscou / Lisbonne / Dakar / Helsinki

b) Maintenant fais des phrases avec le verbe *être*, puis avec le verbe *aller*.

Exemple : Bruxelles → (être) Je suis à Bruxelles. / (aller) → Je vais à Bruxelles.

Dire d'où on vient

5 **Trouve les 6 formes du verbe *venir* et relie avec les pronoms.**

a) Je ...
b) Tu ...
c) Il / Elle / On ...
d) Nous ...
e) Vous ...
f) Ils / Elles ...

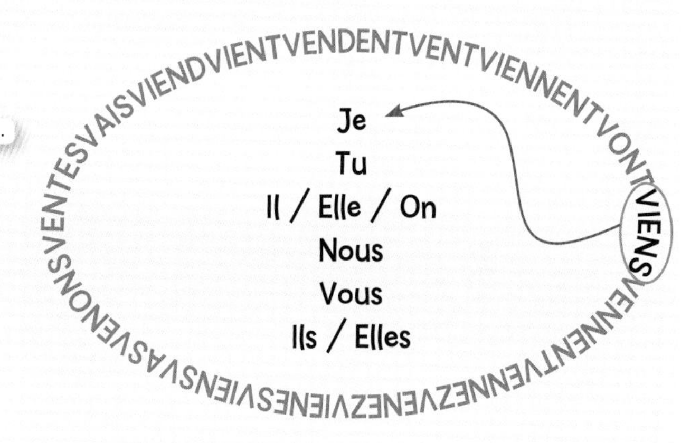

6 **Relie un article à un lieu.**

Je viens…

a) du
b) de la
c) des
d) de l'
e) de
f) d'

1) plage
2) cinéma
3) hôpital
4) Afrique
5) Pays-Bas
6) France

Annoncer des projets

7 **a) Conjugue le verbe *aller* au présent de l'indicatif à toutes les personnes.**

Je ... Tu ... Il / Elle / On ...
Nous ... Vous ... Ils / Elles ...

b) Maintenant, écris une phrase au futur proche comme dans l'exemple. Donne une indication de temps et un lieu.

Exemple : Demain matin, je vais aller au stade de foot.

Le coin du lexique

La nature

1 **C'est quoi ? Explique avec le lexique de la nature.**

Exemple : Le 5, c'est une fleur.

2 **Regarde les photos de paysages de campagne. Écris un petit texte pour décrire les deux photos.**

Exemple : Sur la photo de gauche, il y a une montagne. Dans le ciel, il y a des nuages...

Les saisons

3 **C'est quelle saison ?**

a) Il y a de la neige et il fait froid : ....

b) Il pleut et il y a des nuages : ....

c) Il fait beau et chaud, le soleil brille : ....

d) Il fait doux, le ciel est bleu et les oiseaux chantent : ....

Les pays, les continents et les habitants

4 | Donne la nationalité et la langue.

Exemple : Romain habite à Paris, il est français et il parle français.

a) Yin habite à Pékin, elle ....

b) Ricardo habite à Rio de Janeiro, il ....

c) Lucia et Angel habitent à Buenos Aires, ils ....

d) Ivan habite à Bucarest, il ....

e) Grace habite à Nairobi, elle ....

f) Mohammed habite à Tanger, il ....

g) Brian habite à New York, il ....

h) Susana et Maria habitent à Barcelone, elles ....

i) Anke habite à Amsterdam, elle ....

j) Vladimir et Elena habitent à Saint-Pétersbourg, ils ....

Et toi ?

Moi, j'habite à Londres, je suis anglais et je parle anglais.

Moi, j'habite à Londres.

Et toi ?

5 | Sur quel continent se trouve... ?

La France : L'Europe

a) Le Sénégal : ....

b) L'Australie : ....

c) La Chine : ....

d) Le Mexique : ....

e) La Turquie : ....

f) Le Cameroun : ....

g) L'Inde : ....

h) Les Philippines : ....

i) La Bolivie : ....

j) Le Canada : ....

Projets de classe

Mon projet en groupe

Nous créons un dépliant touristique de notre ville/pays préféré(e).

- Nous formons des groupes.
- Nous choisissons une ville ou un pays.
- Nous élaborons un dépliant avec des photos et des légendes.
- Nous choisissons un titre.

ASTUCE

Tu peux préparer la brochure des endroits préférés des élèves du collège.

Mon projet individuel

Je poste un message sur un forum pour trouver un cybercopain francophone.

- Je choisis un site et un forum avec mon professeur.
- Je me présente et je parle de ma famille.
- Je parle de mes goûts et de mes projets.

ASTUCE

Un cybercopain peut t'aider à conserver le contact avec la langue française pendant les vacances.

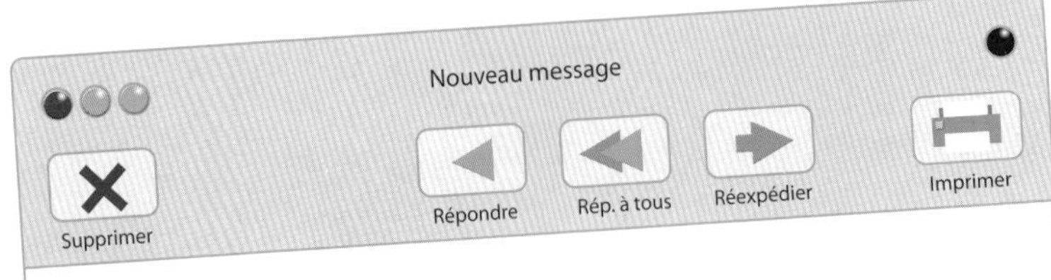

Salut,

Je m'appelle Claudia et je suis argentine. J'ai 13 ans et demi, mon anniversaire est le 12 novembre. Ma mère s'appelle Graciela, elle est photographe et mon père Mateo est médecin. J'ai deux frères, ils sont grands, ils ont 18 et 21 ans et ils sont sympathiques. Ils s'appellent Oscar et Luis. J'adore les voyages et je fais de la danse, mais je n'aime pas les maths ! L'année prochaine, je vais commencer ma deuxième année de français, je cherche un cybercopain pour ne pas oublier le français. Contacte-moi pour découvrir mon pays et ma culture !

Bises, Claudia

Géographie

La géographie est l'étude de la planète, ses terres, ses caractéristiques, ses habitants et ses phénomènes. Une traduction littérale serait « décrire ou écrire sur la Terre ». En France, les élèves découvrent la géographie en même temps que l'histoire.

1 | **Regarde la carte et réponds : il y a combien de régions françaises ?**

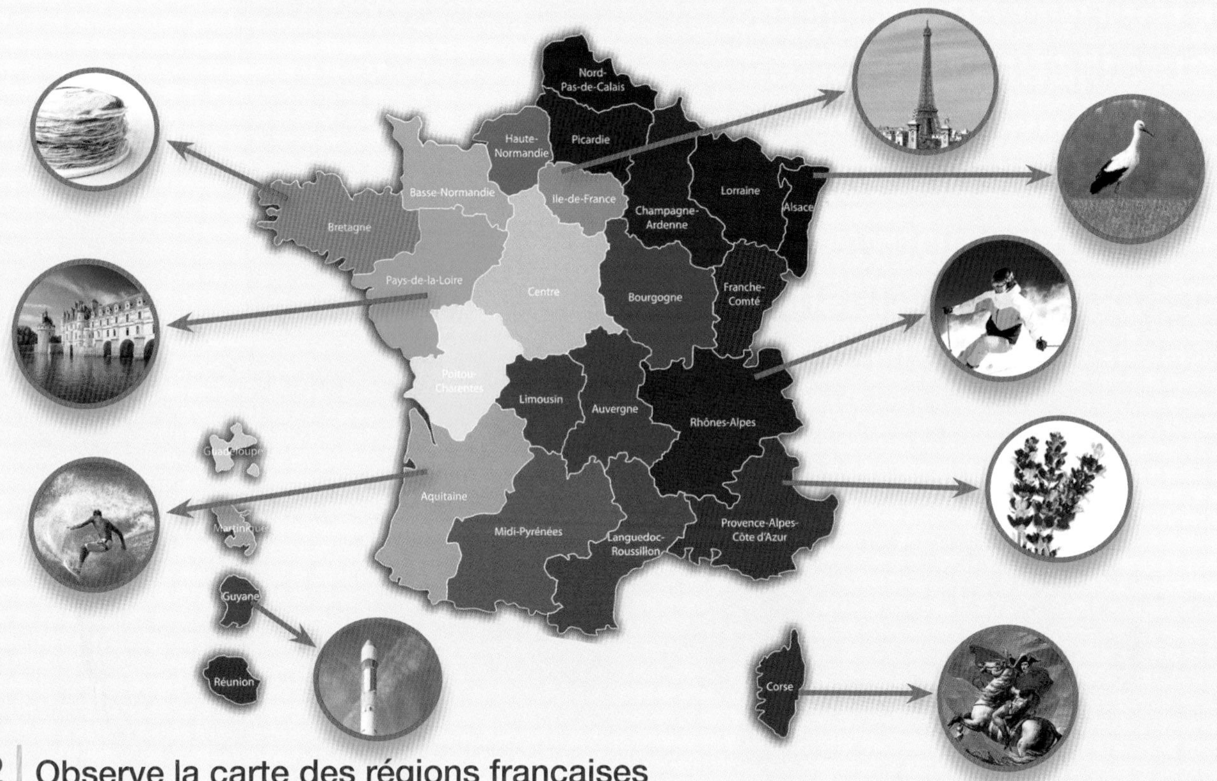

2 | **Observe la carte des régions françaises et complète les définitions.**

a) En été, les vacanciers font du surf dans cette région. C'est l' ....
b) C'est une région au bord de la mer. Elle est célèbre pour ses crêpes. C'est la ....
c) Napoléon vient de cette île de la méditerranée. C'est la ....
d) C'est une île, mais elle ne touche pas la mer. La tour Eiffel est dans cette région. C'est l' ....
e) C'est là que la fusée Ariane effectue son vol inaugural en 1979. C'est la ....
f) C'est la région de la lavande et du Festival de Cannes. C'est la ....
g) Elle porte le nom d'un fleuve et c'est la région des châteaux. C'est les ....
h) L'hiver les vacanciers font du ski dans cette région. Il fait froid pendant l'hiver. C'est la région ....
i) Elle partage une frontière avec l'Allemagne. On peut voir des cigognes. C'est l' ....

Mini projet

Sur le modèle de la carte des régions françaises, tu crées une carte des régions de ton pays.

MAG@DOS

Ma vie d'ado ailleurs...

Être ado en France ou ailleurs c'est très différent. Comment on vit ailleurs ? Découvre notre reportage exclusif sur la vie d'Aïna.

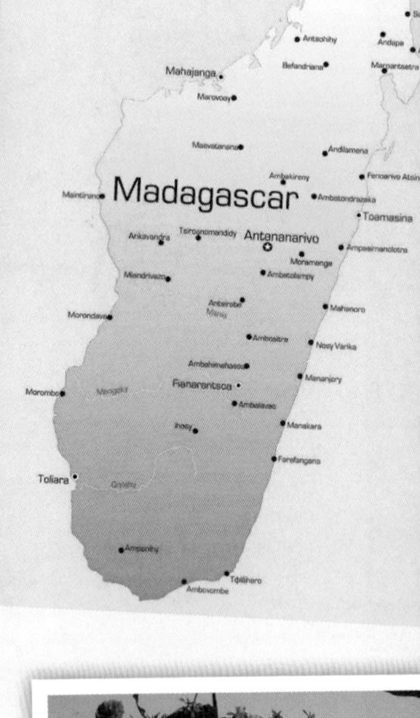

Une île-pays

J'habite sur une île située dans l'océan Indien. C'est la 4e île du monde par sa superficie. Il y a 20 000 habitants. La capitale s'appelle Antananarivo. Notre drapeau est blanc, rouge et vert. Notre monnaie, c'est l'ariary !

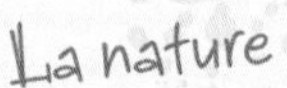

La nature

On appelle mon pays « l'île rouge » parce que la terre est rouge. La nature est belle : il y a des baobabs, des arbres du voyageur, des orchidées, des fleurs de vanille, etc. Il fait beau et chaud. Il y a la mer, la plage, des forêts et des montagnes.

La langue

Je parle deux langues : le français et le malgache. Elles sont très différentes. Dans le malgache, il n'y a pas de conjugaison et pas de grammaire. La prononciation est difficile : Manao ahoana (Bonjour).

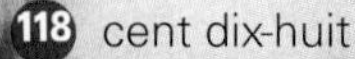

Les animaux

Mon île abrite des animaux exotiques. On peut voir des lémuriens, des zébus, des caméléons, des crocodiles, des tortues, des serpents, et des papillons extraordinaires ! Nous sommes proches de l'Afrique, mais il n'y a pas de girafes, de lions, d'éléphants ou de zèbres.

L'école et l'organisation du temps

Tous les enfants ne vont pas à l'école dans mon pays. Moi, j'ai de la chance, j'habite en ville, mais avant d'aller à l'école, j'aide ma mère à la maison. Dans ma classe, il y a 50 élèves. On ne change pas de classe pendant la journée. On apprend les maths, le français, l'histoire-géographie, l'anglais, le malgache et la religion. Nous travaillons de 7h30 à 11h30 et de 14h30 à 17h00. Il n'y a pas de cantine, on mange à la maison le midi. Le soir, je fais mes devoirs et mon frère joue au rugby, le sport national. Le mois prochain, avec le collège, nous allons faire une sortie nature. Nous allons étudier les chants des oiseaux.

+ infos

Les habitants de l'île de Madagascar s'appellent les Malgaches.

Lis le reportage et réponds aux questions.

a) Quel est l'autre nom du pays d'Aïna ?
b) Combien de langues parle Aïna ?
c) Quels animaux on ne trouve pas sur l'île ?
d) Il y a combien d'élèves dans la classe d'Aïna ?
e) Où mangent les élèves le midi ?
f) Quel est le sport national ?
g) Quelles sont les couleurs du drapeau de Madagascar ?
h) Quelle est la capitale de Madagascar ?

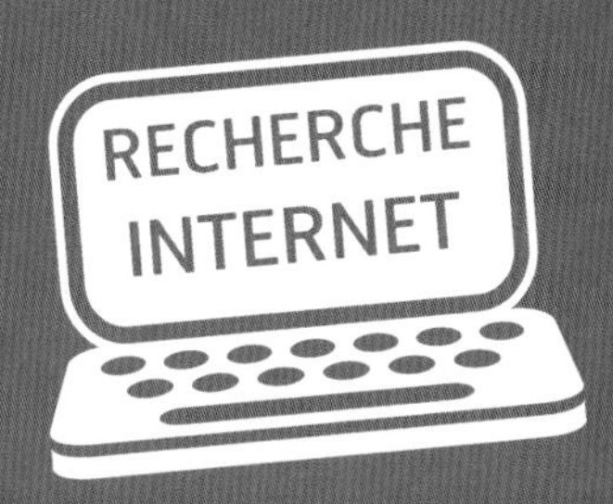

Fais des recherches sur Madagascar et compare tes résultats avec le reste de la classe. Cherche...

a) 3 éléments de la nature.
b) 3 animaux.
c) 3 plantes.

Et ta vie d'ado dans ton pays, c'est comment ? Raconte !

Le groupe du nom (1)

LES ARTICLES INDÉFINIS ET DÉFINIS

	Les articles indéfinis		Les articles définis	
	masculin	féminin	masculin	féminin
singulier	**un** livre **un** ordinateur	**une** gomme **une** horloge	**le** livre **l'**ordinateur*	**la** gomme **l'**horloge*
pluriel	**des** livres **des** ordinateurs	**des** gommes **des** horloges	**les** livres **les** ordinateurs	**les** gommes **les** horloges

*Devant **une voyelle ou un *h* muet** au singulier, l'article défini est *l'*.

LES ARTICLES CONTRACTÉS

	Les articles contractés			
	masculin		féminin	
singulier	à + le = au	Je vais **au** gymnase. Je vais **à l'**hôpital.		Je vais **à la** piscine.* Je vais **à l'**université.*
singulier	de + le = du	Le gymnase est à côté **du** cinéma. Le gymnase est aussi à côté **de l'**hôpital.*		Le restaurant est à côté **de la** piscine.* La station de métro est à côté **de l'**école.*
pluriel	à + les = aux	Je suis **aux** Antilles.	à + les = aux	Je vais **aux** toilettes.
pluriel	de + les = des	La piscine est à droite **des** restaurants.	de + les = des	Le restaurant est à gauche **des** chambres.

*Quand les articles définis *le* et *les* sont **précédés d'une préposition**, on utilise les **articles contractés**. Par contre, *la* et *l'* ne se contractent pas.

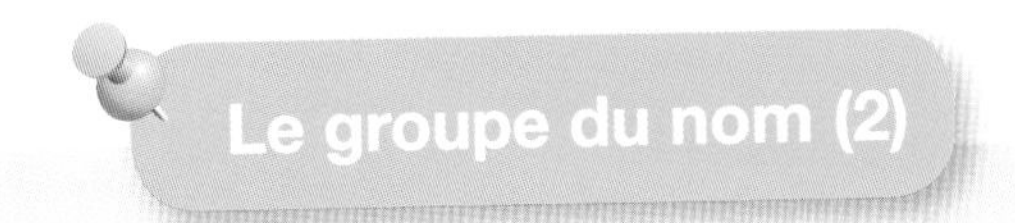

LES ADJECTIFS POSSESSIFS

	Les adjectifs possessifs				
	masculin		féminin		On peut aussi exprimer la possession à l'aide des **pronoms toniques** et de la préposition **à**.
	singulier	pluriel	singulier	pluriel	
je	mon livre	mes livres	ma trousse mon école*	mes trousses	Il est / Ils sont **à moi**. Elle est / Elles sont **à moi**.
tu	ton livre	tes livres	ta trousse ton école*	tes trousses	Il est / Ils sont **à toi**. Elle est / Elles sont **à toi**.
il/elle	son livre	ses livres	sa trousse son école*	ses trousses	Il est / Ils sont **à lui / à elle**. Elle est / Elles sont **à lui / à elle**.

*Devant **une voyelle ou un *h* muet** au féminin singulier, on utilise les adjectifs possessifs du masculin : ***mon, ton, son***.

LE FÉMININ DES NOMS ET DES ADJECTIFS

	Le féminin des noms et des adjectifs			
	masculin		féminin	
féminin = masculin + e	-t, -d...	un client un Allemand intelligent bavard	+ e	une cliente une Allemande intelligente bavarde
	-é	désordonné	+ e	désordonnée
féminin = masculin	-e	un élève sympathique	=	une élève sympathique
		un professeur	= / + e	un professeur / une professeure
		un pompier un médecin	=	un pompier un médecin
féminin ≠ masculin	-s	gros	-sse	grosse
	-x	roux	-sse	rousse
	-er	un boulanger	-ère	une boulangère
	-eur	un vendeur	-euse	une vendeuse
	-eur	un acteur	-trice	une actrice
	-ien	un informaticien	-ienne	une informaticienne
		un copain** un garçon**		une copine** une fille**

**Certains féminins sont des noms complètement différents du masculin.

Le groupe du nom (3)

LE PLURIEL DES NOMS ET DES ADJECTIFS

Le pluriel des noms et des adjectifs			
singulier		**pluriel**	
-t, -d, -n...	un restaurant un Allemand un crayon souriant blond brun	+ s	des restaurants des Allemands des crayons souriants blonds bruns
-s	une souris gros	=	des souris gros
-x	roux	=	roux

Le pluriel des noms et des adjectifs à l'oral	
féminin	On n'entend pas toujours la marque du féminin. C'est **l'article ou le possessif** devant le nom (*la, une, ma, ta, sa*) qui fait la différence. ***un** professeur* [œ̃] [pʀɔfɛsœʀ] / ***une** professeure* [yn] [pʀɔfɛsœʀ]
pluriel	On entend rarement la marque du pluriel. C'est **l'article ou le possessif** devant le nom qui fait la différence. C'est aussi **la liaison** quand le nom commence par une voyelle ou un *h* muet. ***ma** belle maison* [ma] [bɛl] [mɛzɔ̃] / ***mes** belles maisons* [me] [bɛl] [mɛzɔ̃] ***une** idée* [yn] [ide] / ***des** idées* [dezide]

La phrase

LES QUESTIONS

Les questions		
avec interrogatif (2 possibilités)		**sans interrogatif**
Quel âge tu as ? **Quelle** heure il est ? **Quels** jours tu n'as pas cours ? **Quelles** matières tu n'aimes pas ? **Qui** c'est ? **Qu'est-ce que** c'est ? **À qui** est le stylo ? **À quelle** heure tu vas au ciné ? **Comment** tu t'appelles ? **Combien de** frères tu as ? **Combien d'**animaux il y a ? **Quand** arrivent les enfants ?	Tu as **quel** âge ? Il est **quelle** heure ? C'est **qui** ? C'est **quoi** ? Le stylo est **à qui** ? Tu vas au ciné **à quelle heure** ? Tu t'appelles **comment** ? Tu as **combien de** frères ? Il y a **combien d'**animaux ? Les enfants arrivent **quand** ?	**À l'écrit**, le point d'interrogation suffit. Tu vas à la piscine ? **À l'oral**, l'intonation montante. Tu vas à la piscine ?

LES PRONOMS PERSONNELS

Les pronoms personnels	
sujets (obligatoires)	toniques (pour insister sur le sujet)
Je suis à la piscine.	**Moi, je** suis à la piscine.
Tu es à la piscine.	**Toi, tu** es à la piscine.
Il / Elle / On* est à la piscine.	**Lui, il / Elle, elle / Nous, on*** est à la piscine.
Nous sommes à la piscine.	**Nous, nous** sommes à la piscine.
Vous êtes à la piscine.	**Vous, vous** êtes à la piscine.
Ils / Elles sont à la piscine.	**Eux, ils / Elles, elles** sont à la piscine.

****On*** + 3e personne du singulier = *Nous* + 1re personne du pluriel.

LES PRÉPOSITIONS DE LIEU

Les prépositions de lieu

Le chat est **sur** la chaise.

Le chien est **sous** la table.

La voiture est **devant** le parc.

Le tableau est **derrière** le bureau.

Le poster est **entre** les deux portes.

La piscine est **à côté de*** la maison.

La bibliothèque est **à gauche du*** collège.

Le stade est **à droite de*** la patinoire.

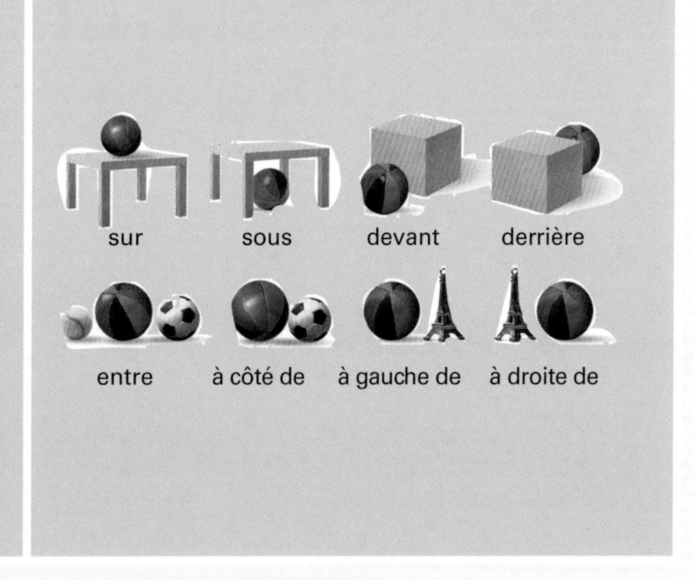

*Certaines prépositions consistent en un seul mot et introduisent directement le nom complément, d'autres se composent de plusieurs mots (locutions) et se construisent avec *de*.

NE / N' ... PAS

ne / n' ... pas *
Je **ne** suis **pas** française. Tu **n'**es **pas** timide. Paul **n'**a **pas** dix ans. Nous **ne** dessinons **pas**. Vous **n'**aimez **pas** le foot. Ils **n'**aiment **pas** danser.

*Devant une voyelle ou un *h* muet, ***ne*** devient ***n'***.

PAS / D' + NOM

pas / d' + nom	
J'ai **un** vélo. → Je **n'**ai **pas de** vélo. Tu as **un** oncle. → Tu **n'**as **pas d'**oncle. Il a **une** règle. → Il **n'**a **pas de** règle. Nous avons **une** idée. → Nous **n'**avons **pas d'**idée. Vous avez **des** tableaux. → Vous **n'**avez **pas de** tableaux. Elles ont **des** amies. → Elles **n'**ont **pas d'**amies.	Je **n'**ai **pas de** sœur. Tu **n'**as **pas d'**oncle. Il **n'**y a **pas d'**ordinateur. Nous **n'**avons **pas de** tableaux. Vous **n'**avez **pas de** frères. Ils **n'**ont **pas de** vélo.

À la forme négative, ***un, une, des* sont remplacés par ***de*** (ou ***d'*** devant une voyelle ou un *h* muet).

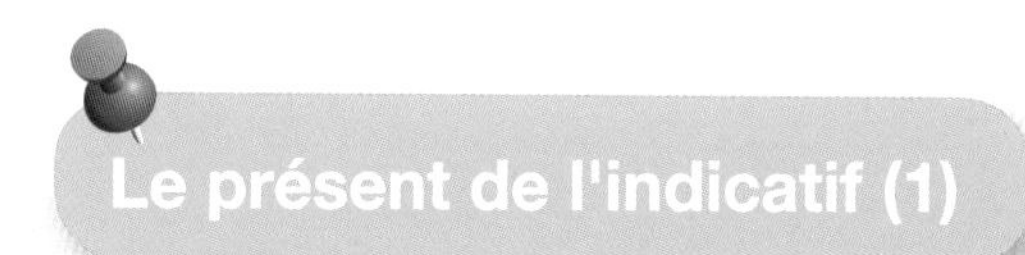

LES AUXILIAIRES ET LES VERBES EN -ER

Les auxiliaires		Les verbes en *-er*
être	avoir	aimer
je **suis**	j'**ai**	j'aime
tu **es**	tu **as**	tu aim**es**
il / elle / on **est**	il / elle / on **a**	il / elle / on aim**e**
nous **sommes**	nous **avons**	nous aim**ons**
vous **êtes**	vous **avez**	vous aim**ez**
ils / elles **sont**	ils / elles **ont**	ils / elles aim**ent**

! ***On = Nous*** mais se conjugue à la 3e personne du singulier.

LES VERBES IRRÉGULIERS

Les verbes irréguliers			
aller	faire	prendre	venir
je **vais**	je **fais**	je **prends**	je **viens**
tu **vas**	tu **fais**	tu **prends**	tu **viens**
il / elle / on **va**	il / elle / on **fait**	il / elle / on **prend**	il / elle / on **vient**
nous **allons**	nous **faisons**	nous **prenons**	nous **venons**
vous **allez**	vous **faites**	vous **prenez**	vous **venez**
ils / elles **vont**	ils / elles **font**	ils / elles **prennent**	ils / elles **viennent**

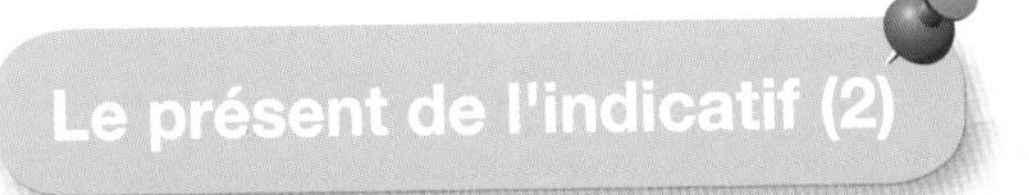

LES VERBES EN -ER

Les verbes en *-er*		
parler	**habiter**	**manger**
je **parle**	j'**habite**	je **mange**
tu **parles**	tu **habites**	tu **manges**
il / elle / on **parle**	il / elle / on **habite**	il / elle / on **mange**
nous **parlons**	nous **habitons**	nous **mangeons**
vous **parlez**	vous **habitez**	vous **mangez**
ils / elles **parlent**	ils / elles **habitent**	ils / elles **mangent**

! ***Manger*** tous les verbes terminés en -ger se conjuguent sur ce modèle.

FORMES PARTICULIÈRES

Formes particulières		
acheter	**s'appeler**	**préférer**
j'**achète**	je m'**appelle**	je **préfère**
tu **achètes**	tu t'**appelles**	tu **préfères**
il / elle / on **achète**	il / elle / on s'**appelle**	il / elle / on **préfère**
nous **achetons**	nous nous **appelons**	nous **préférons**
vous **achetez**	vous vous **appelez**	vous **préférez**
ils / elles **achètent**	ils / elles s'**appellent**	ils / elles **préfèrent**

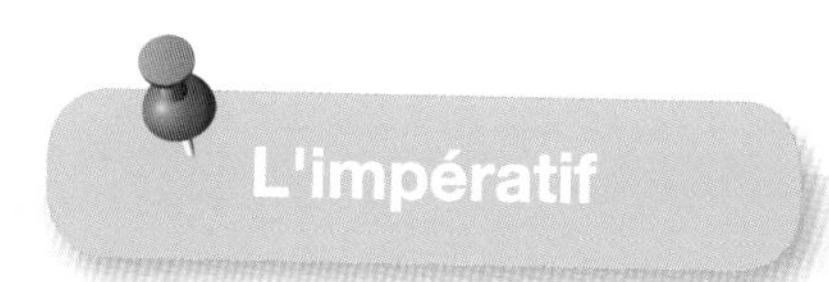

L'IMPÉRATIF
(FORME AFFIRMATIVE ET FORME NÉGATIVE)

Les verbes en *-er*		Les verbes irréguliers					
tourner		aller		faire		prendre	
tourne	ne tourne pas	**va**	ne **va** pas	**fais**	ne **fais** pas	**prends**	ne **prends** pas
tournez	ne tournez pas	allez	n'allez pas	**faites**	ne **faites** pas	**prenez**	ne **prenez** pas

LE FUTUR PROCHE (FORME AFFIRMATIVE)

Tous les verbes	
Je **vais tourner** à droite. Tu **vas téléphoner**. Il / Elle / On **va demander** l'adresse exacte.	Nous **allons aller** en colonie de vacances. Vous **allez venir** avec nous. Ils / Elles **vont prendre** le train.

Conseil pédagogique et éditorial
Aurélie Combriat, Katia Coppola

Révision pédagogique
Philippe Liria

Coordination éditoriale
Ginebra Caballero Peralta

Illustrations
Alex Orbe, Jesús Escudero Cuadrado, Zoográfico

Reportage photographique
García Ortega

Conception graphique, mise en page et couverture
Xavier Carrascosa

Correction
Sarah Billecocq

Enregistrements
Enric Català

Remerciements
Pour le reportage photographique, nous tenons à remercier Mme Laurence Derrey, enseignante et ses élèves de la classe de 4e (2012-2013) du collège Françoise Dolto pour leur accueil et leur professionnalisme, nous remercions également leurs parents, la municipalité et le personnel enseignant.

Couverture : micromonkey/Fotolia.com
Unité 1 vectomart/Fotolia.com, Monkey Business Images | Dreamstime.com, Fang Chun Che | Dreamstime.com, Garcia Ortega, Digitalpress | Dreamstime.com, Monika Wisniewska | Dreamstime.com, Aleksandra Gigowska | Dreamstime.com, Get4net | Dreamstime.com, Elnur | Dreamstime.com, Alain Lacroix | Dreamstime.com, Dani Vincek/Fotolia, Jérôme Berquez | Dreamstime.com, Jibmeyer | Dreamstime.com, les-niewski/Fotolia.com **Unité 2** erinphoto10/Fotolia.com, Africa Studio/Fotolia.com, majesticca/Fotolia.com, Aldodi | Dreamstime.com, Pilar Echeverria, Tammy Mcallister | Dreamstime.com, Garcia Ortega, Dukepope | Dreamstime.com, Keeweeboy | Dreamstime.com, Goodluz | Dreamstime.com, Mmarik | Dreamstime.com, Christos Georghiou | Dreamstime.com, Valeriya Smidt | Dreamstime.com, Stonda/wikimedia, Felix Mizioznikov/Fotolia.com, Elnur/Fotolia.com, Nikolai Sorokin/Fotolia, Kadellar/wiki, Osmenda/wiki, Kalim/Fotolia, Filmspiegel | Dreamstime.com **Unité 3** Garcia Ortega, Lonely/Fotolia.com, Africa Studio/Fotolia.com, Raja Rc | Dreamstime.com, Hongqi Zhang (aka Michael Zhang) | Dreamstime.com, Nikolay Mamluke | Dreamstime.com, Roman Dekan | Dreamstime.com, oscarmcwhite, Jesse Kunerth | Dreamstime.com, Mirceax | Dreamstime.com, ErickN/Fotolia.com, Magalice/Fotolia.com, yanlev/Fotolia.com, Mirceax | Dreamstime.com, Sonyae | Dreamstime.com, Evasilchenko | Dreamstime.com, Chabraszewski/Fotolia.com, Andika18 | Dreamstime.com, Hedavid/wiki **Unité 4** Sabri Deniz Kizil | Dreamstime.com, Natursports | Dreamstime.com, Sarahdusautoir | Dreamstime.com, Stephen Mcsweeny | Dreamstime.com, Lukas Blazek | Dreamstime.com, Zaptik | Dreamstime.com, Sarininka | Dreamstime.com, yanlev/Fotolia.com, EyeMark/Fotolia.com, Danilo Sanino | Dreamstime.com, L'Urbographe/Fotolia.com, EpicStockMedia/Fotolia.com, Eric Isselée/Fotolia.com, cynoclub/Fotolia.com, Farinoza/Fotolia.com, DenisNata/Fotolia.com **Unité 5** Howard Sandler | Dreamstime.com, Andres Rodriguez | Dreamstime.com, Denis Makarenko | Dreamstime.com, © Monkey Business/Fotolia.com, VILevi/Fotolia.com, Drivepix/Fotolia.com, Matthew Antoninov/Fotolia.com, Photo Life/Fotolia.com, WavebreakMediaMicro/Fotolia.com, Yuri Arcurs/Fotolia.com, contrastwerkstatt/Fotolia.com, luther2k/Fotolia.com, Blend Images/Fotolia.com, Vase Petrovski, Myrabella, Gina Sanders/Fotolia.com, Blend Images/Fotolia, ProMotion/Fotolia, Petrovski/wiki, Myrabella/wiki, Esposito/wiki, L'Achiver/Fotolia, Sashkin/Fotolia **Unité 6** Iryna Volina/Fotolia.com, Gonzalo Rivero/Wikimedia, Moritz Zimmermann/Wikimedia, DrBartje/Wikimedia, greiss design/Fotolia.com, Dude Pascalou/flikr, tetyanaustenko/Fotolia, Volker Witt/Fotolia.com

ISBN : 978-84-15640-44-8

Dépôt légal : B-13851-2013
Imprimé dans l'UE
Réimpression : avril 2015

www.emdl.fr